WISTOM

成功人士的十一個能力特點
成功行銷人的必備條件

從平凡
實現卓越

克緹國際集團創辦人
陳武剛的營銷心法

陳武剛 著

CHANGES
LIFE

從平凡實現卓越——克緹國際集團創辦人陳武剛的營銷心法

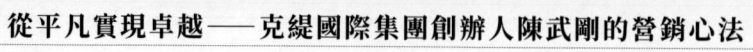

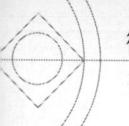

目錄

目錄

第一章　獲取事業成功的九種必備品質
一念之間，人生迥異 ... 7
熱情與感恩是成功的臂膀 ... 11
「人者，心之器也」 ... 15
野百合也有春天 ... 18
吃苦就是吃補 ... 21
以美德贏得未來 ... 23
忠厚做人才會有好報 ... 26
「利者義之和」 ... 29
心量拓寬通路 ... 31

第二章　成功人士的十一個能力特點
改變自我，成功才能恆久 ... 37
超越自我，做最好的自己 ... 39
強健內心，為成功鞏固基礎 ... 43
明確目標，為生命注入原動力 ... 45
高效執行，建立競爭優勢 ... 48
提高應變力，讓危機變為轉機 ... 51
「閉嘴」，有效溝通的前提 ... 54
分享與合作，再進化的原動力 ... 57
用知識創造財富 ... 59
好習慣帶來一生好運道 ... 62
經營友誼，能使泥土變黃金 ... 65

第三章　贏得成功人生的六種心態
一念之間，成敗懸隔 ... 69
人生需要逆境的淬鍊 ... 73

笑對挫折，再創事業高峰 76
歸零與學習 78
積極主動，方能獨領風騷 83
把握當下，珍惜擁有 86

第四章　強化服務意識的七大原則

將專業做到極致 91
善用騎士精神服務客戶 94
顧客乃心之所屬 97
懂得用心，顧客才能歸心 100
利他之人，必為贏家 103
心念是打破僵局的鑰匙 106
為顧客創造價值 109

第五章　「一粒麥子締造一個王國」

新時代，新營銷 113
「一粒麥子締造一個王國」 117
營銷，政治和生活的統一 121
朝陽行業，助力人生 124
開拓通路，贏在起點 128
新的事業，開啟人生新舞臺 132
撒播希望的種子，開創人生的春天 136

第六章　一眼心泉，滌蕩靈魂的信仰

「六大信條」，撒播希望 139
「五大原則」，踐行成功 144
克緹理念，充實人生 147
藍海策略，創新經營 150
成功營銷人的必備條件 153
競爭中取勝的祕密 157

第七章　善植無形，豐收有形

播種理想和奉獻 161
點亮信心與勇氣之燈 164
愛與分享創造人生奇蹟 167
居安思危的企業「健康長壽」 170
善植無形，豐收有形 172

第一章 獲取事業成功的九種必備品質

「木以繩直，金以淬剛」，成功的路途上註定不能春光無限，現實不會給我們所謂的心想事成。

無論身處何境，心有何求，我們都要真誠地感恩生活的惠賜與擁有，用博大的心和忠厚的美德笑看漫漫人生的坎坷與不幸，收藏源自心靈的體會和感悟，風輕雲淡，寵辱不驚。

楊柳曼妙的舞姿，不是春風的召喚，而是它在歷經寒冬之後的絢爛。

▍一念之間，人生迴異

美國密西根大學教授卡爾·韋克曾經做過一個實驗。他將6隻蜜蜂和6隻蒼蠅裝進一個玻璃瓶中，然後將瓶子平放，讓瓶底朝著窗戶，然後觀察發生的情況。

卡爾·韋克看到，蜜蜂執著地向著瓶底最光亮的地方尋找著逃生之路。最終在一次次的碰壁中力竭，或者因饑餓而死。但是，他發現蒼蠅卻在沒頭沒腦地胡亂飛著，一般在兩分鐘之內就能誤打誤撞地找到瓶口的出路而逃生。卡爾·韋克認為正是由於蜜蜂對光亮的喜愛，認為光亮代表著出路，才最終導致了牠們的滅亡。

蜜蜂在不停地重複著牠們認為合乎邏輯的行動。殊不知牠們的觀念裡卻沒有對玻璃的認識。因為受到固有觀念的局限，忽略了或者不能正確地察覺玻璃的阻隔，而無法順利地逃生。

與之相反，在蒼蠅的觀念中，沒有哪些因素是代表著出口，在毫無邏輯地胡打亂撞中尋找著自己的好運氣。表面看來，蒼蠅確實沒有蜜蜂的智力高，但正是蒼蠅這種看似愚蠢的觀念卻能夠讓牠們重新獲得自由和新生。

「觀念」是推動歷史不斷演進的最大力量，而符合時代潮流的做法與觀念，足以引導你取得「物競天擇，適者生存」的勝利。

每一個時代都有不同的背景，凡適應力較強的人大多懂得在不同的時空環境下扮演不同的角色，而每一個角色都能演得盡善盡美。相反，若不能很好地適應環境則會遇到很多困境，使當事者不勝其擾，終至灰心喪志、窮困潦倒。

舉目四望，能主動適應環境或個性強勢的人，大都是大時代裡的佼佼者。他們在任何時代都能與社會水乳交融，展現自己的才華；而不同的適應能力也造就了人們迥異的人生故事。

這樣的道理在我們的事業裡被驗證得十分清楚。愈是能夠不斷調適自我的人，也就愈能夠挑戰新的職位和角色。如果他能夠積極地應對並適應挑戰，即成為至高無上的成功者，名譽與財富已註定和他的人生長相伴左右。

因此，要想成功，就不能一成不變地因循前一個角色所需要的觀念。當你接受新挑戰時，你需要的是嶄新的觀念與做法，唯有如此才能贏得至高無上的勝利。曾經暢銷一時的《富爸爸，窮爸爸》一書正是這種理念的最佳寫照。背景條件相同的兩個人，因為對財富的觀念、態度和反應大不相同，多年後造就了一個貧窮、一個富裕的兩極化結果。事實上，起初的差異僅在一念之間，由於心念的方向有所不同，人生的際遇也就大相逕庭了。

或許我們都很精於為居家環境做清掃的工作，但又有幾人懂得經常清點自己的頭腦，革除已陳舊過時的心念汙垢呢？

一般人很難逃脫被自己的習慣奴役的命運。而所謂習慣，就是重複不自覺地做某些事情，包括思想、舉動、感覺、反應……值得探究的是，既然我們轉換觀念就可以過精神和物質上都更為富足的生活，為什麼還是有很多人不肯棄少尋多、拋劣從優呢？

其中理由不可盡數，心理上的懶惰是其一，缺乏耐性與毅力是其二。人總是喜歡安逸而恐懼改變，對失敗者而言，往往輕微的挫折都足以令他喪失奮鬥的勇氣，但現實卻是唯有放棄舊的包袱才可能找到新的希望。

當你革除一個錯誤的舊觀念時，內心難免或多或少會有焦慮感，不過這只是過渡時期的暫時現象。只要你願意讓自己站到積極與光明的心念這邊，你遲早會成為成功的英雄人物。

有了符合時代需要的觀念，你還需要付諸實踐，這樣才能知行合一，真正抵達成功的彼岸。行動有兩層涵義：一是有清晰的目標；二是使用正確的方法。

愛因斯坦就是透過努力達到成功的榜樣之一。20世紀最偉大的科學家愛因斯坦，透過不斷更新、演進方程式，才有了相對論、質量和能量等價等驚人發現。在實驗室裡不眠不休工作的同時，愛因斯坦也身體力行，為人類解開了成功科學的謎團。愛因斯坦譯碼成功，他所留給世人的方程式是：成功＝努力＋正確方法－廢話。

我們從許多富豪、企業高層，以及那些在體育、音樂等不同專業和技能領域卓有成效的人士身上發現，沒有一個人天生註定會成功，正確的觀念加後天的不懈努力才是成功的主因。有些國際級棋王的智商只有九十（正常人是一百），其高超的棋藝全是艱苦練習的成果；全球知名的投資高手巴菲特的成功也不是一蹴而就的，他花費了大量時間研讀上市公司的財務報表，才能在股市中無往而不利。

有學者指出，一個人想要成功起碼要努力十年。例如，十六歲就成為國際象棋巨星的鮑比·費雪（Bobby Fischer），他固然在下棋方面有天賦，但不能忽視的是早先他有九年學藝經歷的磨練。不少令人羨慕的成功人士往往需要數十年的錘煉才能獲得後來的成就。

目標清晰的價值在於：沒有目標的努力會讓人窮其一生而不得入成功之門。美國著名的成功大師拿破崙·希爾在其所著的《成功法則》一書中指出，設定明確的目標是成功的關鍵，九成以上的人正是因為缺乏清晰的目標而失敗。目標清晰有以下五大益處：

1. 培養成功意識

人很容易因為要達到目標而產生信心、進取心、主動性等有助於達到成功的特質。

2. 培養專業技能

一旦目標清晰，你就會專注於有助實現目標的事情，有時還會自我訓練相關的專業技能，這會很快拉近你和目標之間的距離。

3. 對機會更有敏感性

目標明確會使人對有助於成功的事更加敏感，因此會比其他人容易抓住機會。

4. 提高決斷力

世間瞬息萬變，有明確目標的人碰到機會後，可根據自己的計劃迅速做出決定，且不會經常改變主意以致影響大局。

5. 促進結盟與合作

有明確目標的人會在言談與行為中散發出一種特質，令別人注意並信賴他，願意與之合作，增加彼此成功的機會。

「天生我才必有用」，每一個人都有獨特的長處和成功的潛能，問題在於我們是否有獲得成功的決心，以及所定的目標和所用的方法是否恰當。支持你成功的條件，必會因為時空背景的變換而需要不斷更新，唯有不斷掌握新的方法才能保證你能在成功的大道上繼續向前邁進。

從事國際營銷這個行業後，無論在何時何地，我最常與人分享的美好經驗都是：善用信念的力量，改變舊有的習氣，採取具體的行動，成功必將屬於你！

事實上，上面這段話經過實踐證明是行之有效的。所謂「水往低處流，人往高處走」，古往今來，人們總是盼望一代傳承一代，能夠過上更優裕的生活，獲得更高的成就。不過，如果人們始終固守舊觀念和舊習慣，而不能「苟日新、日日新、又日新」，歷史將不會有所改變，文明也不會有所進步。

換句話說，當時代的巨輪永不停歇地前行時，人類必須不斷地轉換觀念，主動自我提升與轉變，才能開創光明的未來。

熱情與感恩是成功的臂膀

2008 年年底的一天，一位顧客走進臺灣的一家 7-ELEVEN 便利店，剛進店便體會了服務人員彭小姐的朝氣和親切。顧客拿起牛奶問她：「有沒有保存期限到 1 月 30 日的牛奶？」

彭小姐確認沒有後，立即向顧客致歉，並表示如果真的需要，她可以打電話詢問附近的分店。

顧客又以感冒為由，要求彭小姐用微波爐替他加熱牛奶。彭小姐笑著詢問：「您是要很熱的，還是溫溫的即可？」

加熱完成後，彭小姐還進一步提醒，「牛奶瓶底較燙，千萬要小心」。接下來顧客故意向彭小姐借購物籃，表示希望把東西拿到車上，這樣就不用浪費塑膠袋。彭小姐依然親切地回應：「好的，沒問題。」

她立即拿出購物籃，並協助顧客將物品放入籃內，還不忘詢問顧客，「需要我幫您提到車上嗎？」彭小姐熱情周到的服務讓顧客感動不已。

其實，這位顧客有著特殊的身分——營銷服務業調查員。當時，《遠見》雜誌針對營銷服務業進行了一次服務質量大調查。他們找來包括這位調查員在內的數十位擁有服務驗證執照的調查員擔當神祕顧客，讓他們走進為消費者服務第一線的現場，最後選出給他們留下了最深刻印象的十位「天使服務員」與十位「魔鬼服務員」。

獲選的十位「天使服務員」分別具備以下特徵：

守護天使：顧客優先，客人的利益重於一切。

耐心天使：在他們眼中，沒有挑剔無理的客人；在他們的臉上，不會出現不耐煩的神色。

專業天使：專業好感度足以讓產品更具有價值。

信賴天使：只要建立了信任與尊重，不怕顧客不上門。

細心天使：在必要的時候伴隨在顧客身旁，為他們精打細算。

同理心天使：不說官樣文章，設身處地為客戶分憂、解難。

熱忱天使：態度主動、積極，把顧客的事當成自己的事。

窩心天使：小事物大體貼，服務周到得令人心暖。

微笑天使：笑容傳遞商品，服務加量不加價。

而獲選的十位「魔鬼服務員」則有以下特徵：

無心魔鬼：服務淪為形式，沒有熱情，臉上總是帶著明顯的不耐煩。

脾氣魔鬼：效率不佳、態度傲慢，甚至指責顧客。

推諉魔鬼：視客戶需求為麻煩，拒絕協助。

敷衍魔鬼：只顧維持門面，忽略客人的內心感受。

無禮魔鬼：對客人的需要消極應對，吝於展現善意。

粗魯魔鬼：嘈雜不自制，專業素質太差。

冷漠魔鬼：事不關己，造成顧客諸多不便。

僵化魔鬼：不知變通，失去人性化的服務本質。

勢利魔鬼：缺乏職業道德，為求己利，不惜欺瞞顧客。

　　在顧客眼中，彭小姐便是一位微笑天使，我們在為她將心比心的表現而喝彩的同時，是否能從她的專業態度中得到一些啟發呢？

　　對，就是她的熱情！服務人員只有飽含真摯的熱情和感恩的情懷為顧客提供服務，臉上才能表現出真誠的笑容，才能真正為顧客著想，在細節上追求盡善盡美。這樣的人無論做什麼事情，最終都能贏得人們的認可，取得人生的成功！

　　美國著名的作家愛默生曾經說過：「有史以來，沒有任何一項偉大的事業不是因為熱情而成功的。」這不僅是一句單純而美麗的警語，更是一個指

向成功的路標。真正的熱情不單是一種氛圍，更不是流於表面，它必須源於對生命的熱愛、對目標的執著。我們只有充滿熱情才有能量融化週遭的冷漠，傳遞源源不絕的感動，進而使人昂首闊步，勇往直前。成功的事業需要誠心誠意的投入，而這種投入源自內心的熱情。

我們再看看什麼才是事業呢？事業不是一朝一夕的工作，而是持之以恆的追求；事業不是可有可無的應酬，而是矢志不移的奮鬥。當你心甘情願地為一件事獻出自己的智慧與精力時，必定能夠從這件事中獲得最大的滿足和愉悅感。這樣，你就已經在從事一項真正的事業了。

對一個充滿熱情的人來說，無論自己正在從事的是簡單的體力勞動，還是複雜的腦力工作，他都會毫不猶豫地認為自己的工作是神聖的天職，從事這項工作是在追尋自己的興趣和愛好。這樣，無論他在工作中遭遇多大的困難，自始至終他總會用樂觀、積極而理性的態度去面對，並拿出堅定的決心和必勝的勇氣去戰勝困難。

熱情是戰勝困難的強大力量。熱情能使你保持清醒，使你全身的神經都處於興奮狀態，還能不斷地推動你去做自己內心最渴望的事情，並幫助你排除阻礙去實現既定目標。

在行銷事業中，夥伴們不僅要以熱情的心態服務每一位客戶，還要將感恩的理念融入日常的每一項工作中，這樣才能從容地面對各種磨練與考驗。

感恩是一種積極、樂觀的生活態度，活在感恩的世界裡是一種充滿智慧的生活情境。因為每一件事的發生都有其必然性，但每一個人對事情的反應卻不盡相同。悲觀的人只看到事情負面的一方面，而樂觀的人則能夠看到正面的意義；思想狹隘的人往往認為事物只有一種意義；思想開放的人則會從不同的角度審視事情多元文化的意義。正如武俠小說《笑傲江湖》中的主角令狐沖，他勤練吸星大法——別人打在他身上的掌力愈大，他所增長的功力也愈大。

我希望夥伴們都要做樂觀的人，感激斥責自己的人，因為他促進了你的覺醒；感激絆倒自己的人，因為他強化了你的能力；感激遺棄自己的人，因

為他教導了你應該自立；感激欺騙自己的人，因為他增長了你的見識；感激傷害自己的人，因為他磨練了你的心志……當別人對自己的傷害愈大，你所得到的磨練也愈大。如果在逆境中，自己心理越來越強大，人生也就會更富有意義。

上面提到的「感恩的對象」並不局限於生死關頭對你伸出援手的救命恩人。不論是上班族、家庭主婦、學生或商賈，只要活在世上一天，就必定會遇到值得感謝的人。

紅極一時的日本營銷天王中島薰，經常出席各種商業社交活動，並不吝分享他成功致富的情緒商數（EQ）與金錢法則。他認為，養成感恩別人的習慣確實可以讓自己受益。

當你常常設身處地為他人著想，他人也會投桃報李於你。當願意幫助你的人累積愈多時，你處理事情就會如魚得水，能很快建立起自己的人脈與聲望，這些因素可以幫助你致富。

此外，個人的想法也會影響旁人。如果你時常對別人表達感激與關懷之情，漸漸地別人也會開始在意你，注意你的生活過得好不好、需不需要別人提供幫助等。

在現代社會，凡事都講求快速地應對、解決，我們與別人的溝通與瞭解往往只能建立在短短的幾分鐘之內，我們與客戶交談時，可能在幾分鐘內客戶便已決定是否要做這筆生意。

熱情與感恩是一劑有助於良好溝通的特效藥。當你讓對方「感受」到你的熱情時，你便能挑動他的「感受」，觸動他的心靈。可以說，我們會不會展現自己的熱情與感恩，在今天的「速食時代」尤其重要。那麼，我們在與顧客互動的極短時間內，如何使之感受到我們的熱忱呢？

下面這些方法簡單易學，建議想要成功的人士不妨一試！

●眼睛有表情、肢體有感覺、聲音有熱情。

●互動時，你的眼睛要看著對方的眼睛，這種「看」並不是「瞪」，而是帶著善解人意的表情。

●溝通時，帶著親切的微笑，無論如何都不要皺眉頭，以免讓對方誤以為你已不耐煩。

●面對顧客時，將身體微向前傾看起來會比較謙虛，能讓對方覺得被關切。聽顧客說話時要適當點頭，表示你的關注與理解。千萬不要雙手抱胸，否則不僅顯得自大，也容易讓對方覺得你漫不經心。

●說話時，讓自己的下頜稍稍突出形成微笑曲線，這樣發出的聲音便更富有魅力。說話時最好不要低著頭，當我們低著頭看資料說話時，不但別人會聽不清楚，而且會使自己的聲音顯得呆滯而沒有感情。

隨著你所加入的事業的發展，需要提供的服務項目也愈來愈多。儘管提供的產品與別人不一定相同，但服務的心卻是一樣的。如果能夠善用與別人互動時的基本禮貌，你的滿腔熱血就能百分之百地傳達給客戶並得到良好的回饋。

「人者，心之器也」

在美國加州長堤紀念醫學中心，曾有一位病人「久病成良醫」。這位病人脖子上長了一顆腫瘤，他每天研讀最新的醫療報告，發現芝加哥的醫學研討會上有人提出馬的血清對消除腫瘤有奇效，便不斷要求醫生給他注射馬的血清。醫生被他纏得不耐煩，只好替他打了一劑鹽水針，並告訴他「打的就是馬的血清」。

過了幾天，醫生再為他檢查病情時，驚奇地發現這位病人脖子上的腫瘤消失了，「就像雪球在火爐上一般融化了」。當時醫生在病歷上這樣記錄。

可是有一天，病人又看到一份醫學報告上說，最新的研究發現馬的血清對於腫瘤是毫無療效的，他心頭一驚，便倒地不起了。

從此以後，科學家們就開始關注「安慰劑效應」。他們發現心理療法的作用非常之強，只要病人相信某種藥品是特效藥，那種藥就可能有減輕病情的作用。

對於人們在遇到困厄時如何應對的問題，中國古代的智者其實早就留有錦囊妙計——攻心為上，即增強信心與信念。這是宇宙間化腐朽為神奇、變不可能為可能的關鍵鑰匙。

人者，心之器也。心理作用對於人類行為影響效力之大，影響範圍之廣，可謂「無所不至，無所不包」，這在臨床醫療上已得到實際的佐證。

1999 年，哈佛大學發現只劃開皮膚，並沒有真正動手術的「假手術」的療效，居然可以高達 80%，甚至比真正動手術的效果還要好 40%。因此，最近腦造影技術進一步發展後，神經學科學家便在大腦中尋找「信心」的所在地。

實驗者給受試者看一些簡單的是非題，並在他們做「是」或「否」的選擇時掃描他們的大腦。結果發現，「是」與「否」在人的腦前額葉皮質起作用的地方不盡相同。「是」的反應時間會比「否」快了很多，這表示「是」和「否」是由兩個不同的系統負責的。一個人如果相信了某句話，這句話就會轉為思考的根據並成為行為的來源。

這個實驗發現，人類的決定都和情緒有關。選擇「是」的反應，與大腦中掌管回饋、獎勵、吃了好東西和聞了香的味道的「快樂中心」，是相同的地方。接受一句話、相信一個人和回答「是」的時候，我們的心情和語氣都是快樂的。可見，人們喜歡相信別人，是因為相信可以帶給我們快樂。其實，人類的天性中本來就傾向於相信別人，直到它被證明為不正確的，態度才會有所改變。

人的行為和情緒會直接受到信念的影響。雖然大腦很多高功能的區域都跟「是」與「非」的決策有關，但是，最終做決定的地方卻是比較原始的「快樂中心」。換句話說，我們正向思考的時候，容易產生「信念」的力量，而且個人的快樂指數也是相對較高的。如果我們願意從歷史裡面尋訪智慧，你

會發現，世界上所有的豐功偉業，幾乎無一不是對抗「不可能」後的成果。因此，只要深信自己的所做所為是對的，就應該熱忱地投入，不計困難地達成使命，不要讓任何事件或負面的情緒影響你的行動力。在人生的旅途中追尋自己的夢想時更應該如此。

夢想，每一個人都曾經擁有過，但往往只有少數人才會敢於追逐，這些人的境界與勇氣真是令人欽佩，正所謂「雖不能至，心嚮往之」。但舜何人也，禹何人也，有為者亦應如是。那麼，為了自己的信念、為了夢想，我們何不嘗試一下「向自己下戰帖」的滋味呢？

向自己下戰帖，也就是要求今天的自己能夠戰勝昨天的自己，明天的自己又能比今日略勝一籌。這樣日積月累的走下來，每天的一小步就能成為開創出另一番新局的一大步。但是，如何才能讓自己不斷地往前邁進呢？

設定方向與目標是其中不可或缺的一環。就像一艘航行在汪洋大海中的船隻，除非它有明確的航向和目標，否則不管風向如何，對這艘沒有方向的船隻來說都不會是「順風」。船隻如此，人亦如是。一個沒有目標的人彷若隨風飄蕩的航船。因此，作為自己人生的掌舵人，我們應把眼光放遠，及早勾畫出自己所想要的未來。這個願景會成為我們行事做人的精神指標，讓我們集中精力，每一天都無所畏懼地挑戰昨日的自己，最終創造出自己的錦繡前程。

一個擁有生活目標的人必能善用時間與機會。當大多數人都在得過且過，散漫、凌亂地浪費時間時，有目標的人卻往往能步伐堅定、條理分明地運用時機，一點一滴地超越自己。因此，我們不但應當規劃出人生的大願景，也應踏實地從每一天的小事情做起，一步一個腳印地慢慢積累出未來的一大步。

每天的一小步意味著我們會持續不斷地努力，不以善小而不為，整日埋頭苦幹、實幹。外表看來，或許我們只是芸芸眾生之一員，但內在裡，我們已開始具備成功者所擁有的「不平凡的決心」了。事實上，凡是成功的人都有這樣的特點，那就是一顆永不放棄的心和永不停止的努力，就像想看日出的人必須守候到拂曉一般，想要突破自己，也必須要「多一點用心，多一分堅持」，同時立刻停止負面的思考，只表現正面的自己。

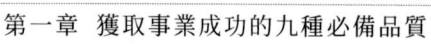

在我眼裡，我們身邊的每一位夥伴都是「多一點用心，多一份堅持」的成功候選人。我們要做的，是把這份用心與堅持轉化為可行的目標，並將它具體化、實踐化。每一天，我們都循著目標前進，就像萬丈高樓平地起，每當白晝已盡時，我們都要檢視自己是否已完成了當日的目標。如果成績不盡如人意，也不能灰心喪氣，而要不斷總結，調整自己的步伐。

綜觀名垂青史之人，幾乎無一不是經歷過挑戰自我，戰勝自己的人。這條心路正是通往錦繡前程的必經之途，我願和夥伴們一起牽手走過。

野百合也有春天

在變動愈來愈頻繁的時代，英明的成功者似乎日益稀有。如今是一個沒有英雄的時代，但每一個人都得面臨挑戰。在我們身邊，平凡小人物不懈奮鬥的故事，要遠比天賦異稟者平步青雲的「神話」多得多。

相信在有限的人生中，大多數人都希望自己能夠變得卓越，不過，在獲得成功之前，我們首先要意識到你我皆是普通人。那麼，究竟有沒有一條通道可以讓我們最快速地從平凡實現卓越呢？答案很簡單：我們要具備積極向上的心態，並付出腳踏實地的努力，二者缺一不可。

孟子說：「人者，心之器也。」意思是人類之所以會產生個別差異，是因為每個人心思的波動都有所不同。那麼，人們心思的波動又有何不同呢？例如，有人凡事都往好處想，行住坐臥之間總是心存善念，結果種瓜得瓜，種豆得豆，他的人生便以順境居多。相反，有人相信人性本惡，世間不如意者十之八九，因此，在「疑心生暗鬼，禍福自招」之下，最終應驗了那句「人生的陰天遠比晴天多」。

你的人生究竟是彩色的還是黑白的？你究竟希望陽光普照還是陰霾籠罩？孟子告訴我們，世間之結果完全是由我們自己的心態決定的。

其實，如果我們明白這個道理，便會直接領悟另一個道理——「天下無難事，只怕有心人」。難怪心理學家會告訴大家，只要你肯每天面對鏡子大聲告訴自己「我一定會成功！」你離成功就不會太遠了。

因此，想要成功的營銷者要擁有良好的信念，並能夠嫻熟地運用它，使其成為一種無堅不摧的精神力量。這樣的信念包括以下幾個方面的內容：

第一，要有永遠學習的精神。

市場的銷售業績多半源自技術和創新。而營銷人才除了推銷創意之外，還要具備智慧、經驗和動力，必須不斷地強化學習以便全面掌握市場動向並從中獲利。不過，如果要想讓自己的獲利倍增就要不斷學習。一般而言，成功的營銷者大都有按部就班學習的習慣。因此，我們在四十歲以後應著重於再學習、再教育，如此才能應付變化快速的市場需求。

第二，要有積極進取的精神。

隨時隨地運用美國著名心理學家墨菲（Gardner Murphy）所提出的「心象法則」，保持樂觀進取，讓自己的潛意識充滿正能量，如此必定有成功的一天。

第三，要有接受競爭的精神。

良性的競爭原本就是進步的原動力。如果你能見到一山比一山高，從而產生攀頂的慾望，那你就已具備了成功者的心態。記住！成功的營銷者永遠要保持衝刺狀態，千萬不要沉湎於過去的業績，而被以往的成功打敗。

第四，要有獨當一面的老闆精神。

僱傭心態會使你在氣量、見識、人際關係等方面都比當老闆的境界略遜一籌。因此，你唯有具備獨當一面的老闆精神，才能夠擴大自己的氣量。否則你必會錯失學習當老闆的機會。

凡成功的營銷者都知道，你所推銷的不只是物品，你本身的心態、見識與修養也是自我營銷的重要成分。營銷高手必談修心之道——心若正，人則不亂；心不正，萬事則漫無頭緒。當你擁有了超人一等的心態後，還需要腳踏實地地努力工作，才能在未來某個你意想不到時候嚐到成功的喜悅。

有位學者曾經寫下這樣平實而睿智的一段話，「有工作可做、有生活目標的人是幸福的，他已經找到了自己應該做的事情，並且會繼續做下去。如

同有某種高貴的力量在苦澀、貧瘠的鹽鹼地開鑿了一條流動的運河。而一旦開鑿，它就會像河流一樣，日夜不停地向前流去，把又鹹又苦的鹽鹼水從草根的底部清洗掉，把貧瘠的鹽鹼地轉變成鬱鬱蔥蔥的草地。工作本身就是生活，除了從工作中得到經驗，你不可能會有其他更有價值的經驗。」簡而言之，日復一日的勤奮工作正是我們邁向成功最堅固的基礎。

在清代文人劉蓉所著的《習慣說》中有句話說得很貼切，「一室之不治，何以天下家國為？」意思是要成就大事，一定要從完成最基礎的工作開始。所謂「登高必自卑，行遠必自邇」，實為顛撲不破的至理名言。

在工作中，我們不可輕視每一件小事的重要性。人生所謂的大成就，無一不是由許許多多的小事構成的。小事是大事的材料，大事是小事的集合，一旦我們不停地關注那些自己能夠完成的小事，不久之後就會驚奇地發現我們不能完成的事情實在少之又少。

要做好小事，就必須從態度上做到認真對待，養成「認真從小事做起」的習慣。尤其是當你作為新人剛進入公司時，一般情況下還不能獨當一面，只有耐心的經歷過許多磨練之後才能踏踏實實地完成建構地基的階段。這個階段，你千萬不要自怨自艾，而應該將這個階段視為一個機會，從中盡可能地汲取經驗，逐漸樹立起良好而值得信賴的個人形象，為日後的事業打下基礎。

當職業棒球選手鈴木一朗還是小學生時，他在一篇名為《我的志願》的作文中就寫下了「我要成為職棒明星」這一理想。他的父親得知兒子從小就懷抱成為棒球選手的夢想，就對他說：「如果你是認真的，就必須要付出比別人更多的努力！」

於是，鈴木一朗堅持每天練習，一年三百六十五天無論是下雨還是假日，他沒有一天休息，總是積極努力地思索球技。可以說，這是鈴木一朗從平凡到卓越的路程中天天都做的功課。

其實，鈴木一朗並非天生的棒球好手。在進入世界少棒聯盟後，他更積極地練習揮棒，練到雙手磨破，到後來他球棒的握把部分盡是暗紅色的血跡。

世界少棒聯盟的每一個少年選手都懷抱著夢想，但只有鈴木一朗是以「血的鍛鍊」朝自己的夢想前進。也因為這樣的努力，鈴木一朗終於成為頂尖的職棒選手，他不但是日本職棒史上第一位擊出二百支安打的選手，更成功打進美國職棒。他的年薪近三十億新臺幣，是大聯盟年薪最高的亞洲球員。

所謂「萬丈高樓平地起」，摩天高樓也是從平地一層一層地蓋起來，這世上的萬事萬物也無一不是由基礎開始，從零到有、從小到大，一點一滴逐步發展，最後才能聚沙成塔獲得成功。這種成功得來絕非偶然，不是走捷徑或者一步登天，如果能夠悟出這個基本的道理，我們不僅在工作和求學時能夠獲得穩健的成果，就連我們經營的事業也會因為穩紮穩打而逐步踏上永續經營的大道。

一個人若能堅持積極向上的心念與堅持務實的精神，便是悟出了「萬丈高樓平地起」的實質。久而久之，他終究會有機會由普通人脫胎換骨，成為一位受人敬仰的卓越成功人士。

吃苦就是吃補

在中國古代，有一位名叫紀渻子的鬥雞師，有一次，齊王要他訓練一隻鬥雞。紀渻子接受任務後，過了十日仍沒有消息，齊王等得不耐煩，催他，紀渻子回答說：「還不行，此雞生性自狂、自傲，只會虛張聲勢，遇到強者，其實不堪一擊！」

齊王又等了十日，再催問如何。紀渻子答說：「此雞不夠沉著，一聽到其他雞叫就會衝動，還沒有大將之風！」齊王聽了很失望，不再催問。

十日後，紀渻子報告：「大王，鬥雞訓練好了。因為此雞現在聽到其他的雞啼叫彷如不聞；見到其他的雞跳躍，彷如不見，簡直就像一隻木頭雞般氣定神閒、從容安詳，已是全德全能。其他鬥雞一見到牠就落荒而逃。能夠不戰而勝，這才算是真正的鬥雞了。」

紀渻子訓練鬥雞的故事告訴我們，真正的大將之才絕不是一蹴而就的。若要增加才幹的指數，應有「吃苦就是吃補」的心理準備。擁有才幹的人並

第一章 獲取事業成功的九種必備品質

非天生英明，真正能支撐成功者歷久不衰的才幹，事實上是一種「永無止境的學習與成長」的心態。唯有抱著謙虛的態度刻苦學習，不停地為自己的才能加分，成功的果實才是真實不虛的。

處在資訊爆炸、環境快速變遷的21世紀，愈來愈多的人感受到壓力無所不在。在相同的環境、條件與考驗下，為什麼有的人能夠破繭而出，不斷地迎難而上，成為生命競賽中最終的勝利者，而有人卻走不完全程，總是在淘汰的漩渦中沉沒？

凡是細心體會人生的觀察者大概都會同意：態度決定命運，成敗只在一線之間。你是一個愈挫愈勇、不屈不撓的參賽者，還是一個很容易受傷、自憐自艾、一蹶難振的退縮漢，這些觀念足以造成結果的天地懸隔。

相信大家都讀到過小魚兒逆流而上、力爭上游的故事。尚在幼年的偉人從中得到人生的啟示，在無數敗陣的戰役中愈挫愈勇，成年後果然卓爾不群，成為國家領導人。值得一問的是，如果看到同樣的現像你會做何反應呢？

西方有句諺語說：「滾石不生苔。」東方也用相同的智慧提醒人們，做人、做事倘若只有五分鐘熱度往往會功敗垂成，終無所獲。「滾石不生苔」的道理，運用在工作領域尤為貼切。許多剛剛畢業的年輕人眼高手低，但又缺乏實際經驗，在職場上稍遇挫折便萌生辭意，如此一個接一個打退堂鼓，不僅無法磨練專業技能，更沒法構建至為可貴的人際網絡。

把吃苦當作吃補，遇到挫折也視為過程中的必然，用謙卑的態度虛心受教，在歲月的淬鍊下日漸成熟，公司在考量重要的升遷人選時，抗壓、抗挫折的能力會成為將才的加分選項。因此，只要我們把吃苦當作吃補，有朝一日終會出人頭地。

抗壓、抗挫折能力的具體表徵就是個性上不屈不撓，有堅韌不拔的韌性。孟子有一段話，足以說明其中的意義：「天將降大任於斯人也，必先苦其心志，勞其筋骨，餓其體膚，空乏其身，行拂亂其所為，所以動心忍性，增益其所不能……」千百年來，這段話歷久彌新，顯現出歷史的重任永遠只有被充分磨練的人才能擔當得起。因此，一旦有任何苦其心志的考驗就束手就擒，

有身體耐力的折磨就俯首稱臣，或者只有幾天三餐不繼、身無分文就喪失人格與鬥志……哪裡還有可能堅持到苦盡甘來的下一步呢？更重要的是，自己在性格和體格上的不足之處，將成為永遠的缺憾，已無機會增補強化，人生的發展格局必然也就到此為止了。

事實上，能吃苦、不屈不撓的態度在特別強調人際關係的營銷行業尤其重要。人是情緒化的動物，在面對面的互動過程中，難免受到對方好惡的影響，若好則喜，若惡則憂。但情緒是會隨時轉換的，如果一味受限於前一次的受挫經驗，就會被失敗的陰影牽著鼻子走。

「精誠所至，金石為開」，在人際關係裡可以說是一劑萬靈丹。只要抱著不屈不撓的態度，即使是鐵杵也有機會被磨成繡花針。何況人們總是見了面留三分情，除非自己裹足不前，否則勝算絕非鏡花水月。

最近坊間流行的一本暢銷書──《逆境之後，必有祝福》清楚地為在逆境中不屈不撓的勇者指出了希望與方向。逆境是鍛鍊心志的天堂，只要你堅韌不拔，用耐性面對一切障礙，必可過關斬將，贏得最後的勝利。真正的完美成功者，是吃得苦中苦後方能成為大智、大仁、大德的人。

▌以美德贏得未來

幾年前，曾經有一名女士因為聽說某品牌的 UPS 電源能夠穩定電壓、保護電器，就信以為真地來到電腦用品商店購買，想用做家裡新買的電冰箱的電源保護器。

這家電腦用品商店的老闆詳細問清女士的來意之後猶豫了。他想：賣還是不賣？賣，這種電源保護器對保護電冰箱毫無用處；不賣，到手的「肥肉」就會丟掉。猶豫再三，商店老闆的良心戰勝了貪慾。他向這位女士仔細講解了該電源的用途和電冰箱的耗電原理，勸她不要花幾百元錢買一個對自己來說無用的東西。這位女士先是不解，當明白商店老闆確實是一片好心時，便由衷地感到敬佩。

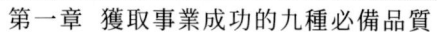

第二天，這名女士帶著她丈夫來到了這家商店，並且非常痛快地購買了一臺價值不菲的電腦。因為他們覺得從這裡購買商品是可以完全放心的。

從此之後，他們逢人便講這家商店老闆的良好品德，他們的幾位親戚、朋友受到感染，也從這位老闆那裡購買了不少東西。

具有良好品德的人不僅能贏得對方的心，而且還能贏得周圍人的心，凡是知道他具有良好品德的人都願意與之交往。

我的事業集團創立至今20多年來，數度遭逢外在環境突變的考驗，但我總是用一顆平常心，像迎接四季的流轉般自然看待事業的巔峰與谷底。不經一番寒徹骨，哪得梅花撲鼻香呢？這是大自然生生不息的運作規律，只要在天道間找出前進的力量，就可順勢而為，愈戰愈勇。這種力量需要勇氣和品德共同鑄就。

擁有良好的品德，則是從事營銷工作的人能否建立個人品牌的關鍵。在我們的事業中，最珍貴的品德就是「誠信」，誠信意味著誠實，能夠讓他人信賴。誠實不僅是必要的待人之道，也是應有的自處之道。一個能夠對自己誠實的人比較容易建立真正的自信，因為他認識自己，對自己的強項有信心，對自己的弱項也有自知之明。

一個人的強項猶如蓋房子的基礎，地基打穩了，樓房便可一層層地蓋上去。強項愈強或強項愈多，樓層便可愈蓋愈高。不過，只認識自己強項的人往往流於自負與自傲，唯有誠實地面對自己的短處、善用自己長處的人，才能發揮其優勢，鑄就自己的人生。

相對而言，能夠誠實地對待顧客，因此贏得信賴關係的營銷人員，久而久之，一定會成為市場上遠近聞名的金字招牌。在這個社會價值觀混亂的年代，浮誇不實縱能攫獲一時的銷售機會，但短暫的成功有如殺雞取卵，足以斷送人生的後路，實在是得不償失的；而誠信的光芒就像璀璨的鑽石，是歷久彌新、永恆不滅的，一旦你樹立了誠信的口碑，這兩個字就慢慢地和你的名字掛鉤，變成了你個人的品牌，享有市場競爭下的絕對優勢。

支撐我們的事業不斷前進的另一種力量就是勇氣。勇氣，是一種面對畏懼、痛苦、風險、威脅與不確定的能力。「勇氣」的英文「courage」這個單詞很有趣，它源於拉丁字根「-cor」（心）。所以勇氣代表著要「與心同在」。心的道路代表著遠離過去，允許未來的發生。

一個真正的人總是願意走入未知領域去冒險，他的心永遠為出征做好了準備。這場冒險之旅，是從已知到未知、從熟悉到陌生、從安逸到勞頓……朝聖的路上可能充滿險阻，而你不確知目的地在哪裡，也不知道是否上得了岸。勇敢的人無視恐懼的存在，他只管投入未知。在心的起始點上，一個膽小鬼和勇敢的人差別並不大，兩者的唯一不同在於：膽小鬼會聽從恐懼的話，而勇敢的人則把恐懼放在一邊，逕自勇往直前……

希臘哲學家亞里斯多德曾指出「過少的勇氣會導致怯懦，過多的勇氣則會使人魯莽」。在實際生活裡，我們無論年齡大小，閱歷多少，都需要用勇氣來跨越生命中的每一道鴻溝。我們時時刻刻都在練習「如何勇敢」，也需要源源不絕的勇氣來面對生活裡的每一刻。

因此，如果你的生命正面臨就業、失業、業績、人際變遷等考驗，務必靜下心來，讓與心同在的勇氣征服怯懦，勇敢地深入探究現實；讓勇氣帶領你突破過去，孕育出未來各種新的可能性。

面臨關鍵時刻，能否當機立斷，則考驗著你是否具有足夠的魄力。魄力，意味著臨事的膽識和果斷作風。這種特質從何而來呢？人的魄力是從理想中來，從信念中來，從毅力中來。魄力，源自於思考後的選擇和判斷，選擇和判斷之後所以果敢，是因為思考的深入和信念的堅定。

而魄力的本身必須以智慧為先導，沒有智慧的魄力只能說是魯莽。這樣的智慧，又源自於敏銳的觀察、深刻的思考和堅持不懈的努力。一般而言，情感冷漠、意志薄弱的人，是很難擁有智慧和魄力的。

一個擁有魄力的人在順境中，或者說在可以有所作為的環境中，必然能革舊除新、銳意進取、引領風騷；若處於逆境，或者是在充滿阻力的環境中

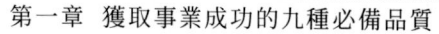

則能力排眾議、不畏強勢、敢做敢當。那種永遠在等待，尋找下一個太平盛世才敢有所作為的人是遠遠稱不上有魄力的。

我在工作中可以看到各種不同人格特質的夥伴，要特別大力薦舉的正是魄力型的從業者。有魄力的夥伴會以自己的氣魄和膽識感染周圍的人，從而營造出集體進取的氣氛。如果你是經常夢想餡餅會自動從天上掉下來的人，「魄力」一詞也就和你沒有什麼關聯了。英國大文豪狄更斯在《雙城記》裡寫道：「這是最光明的時代，也是最黑暗的時代；這是最好的時代，也是最壞的時代……」其中的分界點，在於你是否能用勇氣與魄力走出黑暗，迎向光明。

當然，勇氣、魄力、專注、品德都不應當是轉瞬即逝的流星，它們絕對需要長時間的培養與堅持。如果你相信這樣的價值，並且願意一步一個腳印地身體力行，那麼，在未來海闊天空的世界裡，你就是一個準備好了的人。讓我們一起迎向前去！

忠厚做人才會有好報

一個朋友提到，他們辦公室有位同仁被調到新成立的部門去做主管，在歡送會時，他志得意滿地大放厥詞，說了不少批評大家的話，把原來辦公室裡的每位同事都得罪了。想不到因為經濟不景氣，他又被調回原來的辦公室，他看到同仁時顯得相當尷尬，大家進進出出，也刻意繞過他的座位避免照面，沒多久，他只好辭職了。

上面的故事中值得我們吸取的教訓是，千萬不要藐視任何一個和你產生互動的人，也不要輕易說出任何一句足以傷害彼此感情的話，因為山不轉路轉，我們的確難以預料人生境遇的轉變。如果你在人生的道路上一味地與人為敵，而不懂得廣結善緣，你之後的道路一定會愈走愈窄，並極有可能會和得罪過的人狹路相逢。

日本幕府的德川家康出生在弱勢的三河國，六歲被送往今川家當人質，在路上被人綁架，賣到他父親的敵人──織田信長家。對方寫信要他父親「棄

絕今川，改從織田」，不然就要殺掉他。德川家康的父親說：「要殺便殺，我豈能為兒子失信。」但由於德川家康從六歲起就被囚禁，練就了極強的忍耐力。他能夠忍人所不能忍，別人再怎麼挑釁他都可以按兵不動。直到時機成熟了，他才一舉出擊，最終馬到成功。

德川家康從小就領悟到，兵器銳利固然重要，但使用兵器的人更重要。1582 年，武田勝賴戰敗後切腹自殺，他的首級被輾轉送到了德川家康的陣營。德川家康聽到箱內裝的是武田勝賴的首級便立刻站起來行禮，然後召集部將，很正式地祭拜武田勝賴，德川家康還對部將說：「武田勝賴這麼年輕就壯志未酬，真是令人惋惜。」他尊重的態度和惋惜的話語立即傳到了武田的故國。

在此之前，武田的首級也曾傳到了織田信長的陣營中，織田信長則破口大罵，說他是咎由自取。對照德川家康的厚道和織田的刻薄，武田勝賴的遺臣很快就做出了抉擇，他們全部投入了德川家康的麾下，使德川家康快速壯大了聲勢，最後統一日本，結束了戰國時代。

德川家康的故事告訴我們，忠厚是做人的根本。德川家康平時看起來很傻，只知道逆來順受，但是在緊要關頭，他卻表現得很聰明。豐臣秀吉就說：「家康很會裝傻，他裝傻的本事，你們沒有一個人比得上。」德川家康曾經讓人看不起，最後那些嘲笑他的人一一被他擊敗，他被稱為「戰國第一忍者」。很可惜現代人鮮少讀史，所以無法從歷史的英雄人物中學習到「外表糊塗，內心明白」的應對之道。

除此之外，老一輩的長者還為我們留下了一些經典的話語。例如，「去時留人情，轉來好相見」、「人無千日好，花無百日紅」等。人生的路總是起起伏伏，陌生人在路上都會不期而遇，更何況一些同行，見面的機會更多。清朝的紀曉嵐便曾說：「得意時勿太快意，失意時勿太快口。」因此，人應該懂得為自己、為別人留餘地，否則難免會因此陷入僵局。

在如今多元化社會中，這些寶貴的智慧往往被人忽視，甚至有人會質疑幾百年前的道理如今是否還行得通。其實，現代調查研究證明，以忠厚為代

表的好人行為,真的可以在施善於他人的同時,使施善者本人得到超乎想像的好報。

　　暢銷書《好人肯定有好報》揭露了最近科學界的重要研究,證實了好人的良善行為能對自己產生很好的鼓舞並轉化為前進的力量。這個訊息被認為是個「振奮人心的消息」,因為這樣的科學研究對人類做好事、關懷他人以及愛人的能力帶來了光明的希望,證明了如果勇於付出,我們就有能力改變自己的命運,進而改變全世界。

　　在美國一所醫學院主持「無限大愛研究中心」的波斯特教授,曾親眼看見科學的佐證。他和許多其他探索什麼樣的人格特質能創造「健康、快樂、滿足與持續成功的人生」的研究者一樣,不斷發現友善的行為對人的心理與生理健康,會造成深遠而顯著的影響。他明確地指出,慷慨的行為能保護我們一輩子。許多研究驚人的發現,付出與造就成功的人格特質,例如人際互動能力、同理心、正面情緒等息息相關,如果你在青少年時期經常幫助別人,六十年甚至七十年後,你仍會因此而健康,而且無論你從什麼時候開始付出,即使是老年之後才開始,你的身心狀態還是會有所改善。

　　一項針對中年婦女所做的研究顯示,年輕時曾接受年長者指引的人,即使經過二十年之後,仍然比較可能指導他人,就像以前別人幫助他們一樣地去幫助他人。誠如一句古老的格言所說:「感恩澆灌了舊的友誼,也讓新的友誼萌芽」。

　　在日本有「營銷天王」美稱的億萬富豪中島薰,應出版界之邀,幾度出書闡釋他的「成功密碼」。我曾有幸應邀為他的《轉念的力量:直銷天王的金錢哲學》一書寫序,因此有機會在第一時間就進入他的內心世界進行深度解讀。

　　當我逐字展讀了這位極富個人魅力的跨國同行的人生理念後,不禁因千里獲知音而深感驚喜。中島薰的致富之道是一套「心中無錢」的賺錢法:他相信,決定一個人命運的不是學歷和金錢,而是他的觀念。在中島薰看來,凡世界上幸福、富裕之人,總是在別人尚未發覺之前就付出關懷。因此,能夠把別人的幸福當成自己幸福的人就是富裕之人;憑自己的努力讓自己致富,

能夠將所得財富用來幫助他人，使自己也能與他人分享喜悅的人就是富裕之人。

中島薰深信「助人之心帶來福報」，甚至揭示了「錢儘量用在別人身上」的重要原則。他說：「如果錢都用在自己身上僅能滿足自己；如果用在別人身上，別人遲早都會投桃報李，甚至會以比錢更珍貴的事物來報答我們。」

而中島薰另一個最令人擊掌稱快的經驗之談則是：好東西就要與好朋友一起分享！這也正是富裕哲學的精髓所在。所謂「獨樂樂，不如眾樂樂」，無論是一箱時令的鮮美水果或是一筆突如其來的意外之財，「錢財分贈，帶來福分」，可能早已是身體力行的人所共有的美好特質。

如果因為想法上的一念之差，你採用了小氣、吝嗇的思考模式，想把一切好處都據為己有，也很快就會面臨「表面上占盡便宜，其實吃了大虧」的窘境。例如，你很可能得了錢財卻失了人心！

以上是我透過自己的生活歷練得到的彌足珍貴的人生財富，我願意與每一位朋友分享，用一句話總結這個價值便是：懂得付出、關愛、分享與感恩的好人，一定會得到上天垂憐，獲得好報！

「利者義之和」

中國歷史上有一段膾炙人口的價值觀之辯，發生在戰國時代的孟子與梁惠王之間。孟子去見梁惠王，梁惠王問他：「叟不遠千里而來，必將有以利吾國乎？」

孟子對他說：「王何必曰利，亦有仁義而已矣。王曰何以利吾國，大夫曰何以利吾家，士、庶人曰何以利吾身，上下交征利而國危矣。萬乘之國弒其君者必千乘之家，千乘之國弒其君者必百乘之家；萬取千焉，千取百焉，不為多矣；苟為後義而先利，不奪不饜。未有仁而遺其親者也，未有義而後其君者也。王亦曰仁義而已矣，何必曰利。」

孟子這段義、利之辯歷久彌新，而人類對於義與利的先後、取捨困惑，在兩千餘年後的今天仍然發人深省。一國之君的價值觀足以影響社會風俗之

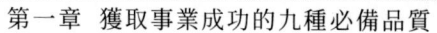

厚薄,這是毋庸置疑的;事實上,一個企業領導人的價值觀亦足以左右企業文化的走向以及企業壽命的長短;人生的價值觀,往往是決定一個人內在靈魂尊貴或卑下的標竿。因此,我非常樂於利用這個機會和夥伴分享我對「義」與「利」的看法。

人人都知道,企業存在的目的是為了營利。但如果企業成員相互之間都以逐利為相處的守則,後果又會如何呢?這個問題尤其值得我們這種以人性為導向的企業中人省思。

人人都希望能和合適的事業夥伴天長地久、共存共榮;不過,若是以利害為出發點來相互對待,這個願望恐怕是緣木求魚,不可能達到。以錢相交的人際關係經常會造成立即奏效的假象,只是它就和即溶咖啡或速食麵一樣,難以有香醇而耐人品嚐的美味;但不明就裡的人往往為速效所沉醉,迷失在其中。時間稍久,認錢不認人、互相擺架子的現實終會摧毀這種脆弱而危險的人際關係。

反觀建築在仁義基礎之上的關係,則能夠通過時空的考驗愈陳愈香。它能使人們之間形成同甘共苦的團隊精神,也能使人透過信賴凝聚共識,還能使人甘願分享彼此的喜悅與成功。這種良性的互動終究會發展出相加、相乘的力量和效果,也就是經濟學家所謂的「雙贏」。

或許有人會質疑,仁義之交是否只適用於早已打下扎實經濟基礎的資深夥伴呢?一個尚未解決民生問題的人,如何還能捨利就義?事實上,這個問題所彰顯的正是一個人究竟目光短淺,或是深謀遠慮。例如,某些初入行的夥伴便已懷有「不看一時,只看一世」的智慧;他們不急著回收,反把有限的盈餘用來做車馬費、咖啡錢,不斷與人接觸,建立深遠的人際網絡。相信假以時日,他們發展的格局自會讓那些汲汲營營、錙銖必較的人士刮目相看。

李嘉誠是加拿大籍的香港國際企業家,他創立了香港最大的企業集團——長江集團,涉足房地產、能源業、網路業、電信業以及媒體業。創業逾一甲子以來,擔任集團主席的他投資有術、領導有方,從未讓麾下企業財報呈現虧損。而他本人更是華人世界的財富狀元。在 2012 年 3 月美國《富比士》(Forbes)雜誌公布的全球富豪排名中,總資產高達 255 億美元的李嘉誠排

名第九，世界上的華人應該都對他的聲名如雷貫耳。李嘉誠聲名遠播，倒不只是因為「首富」的頭銜，更在於他的成功之道。

他曾經這樣分享自己做生意的心得，「人要去求生意就比較難，生意跑來找你，你就容易做。如何才能讓生意來找你？那就要靠朋友。如何結交朋友？要善待他人，充分考慮到對方的利益。」

李嘉誠強調，生意往來中顧及對方的利益是最重要的。切勿把目光僅僅局限在自己的利益上。兩者是相輔相成的，自己捨得讓利，讓對方得利，最終才能給自己帶來較大的利益。「占小便宜的人不會有朋友，這是我小時候母親就告訴我的道理」，李嘉誠說，「經商也是這樣」。

這位首富非常注重自己的名聲，並不斷告誡後人要努力工作、與人為善、遵守諾言。他不吝與別人分享做人成功的要訣，即「讓你的敵人都相信你」。

在李嘉誠的字典裡，誠信和價值高於一切。一旦他答應了的事，明明吃虧，仍然會做。「這樣一來，很多商業方面的事，人家會說我答應了比簽約還有用」。這也使得他即使身處逆境，依然信心十足。「我認為我具備足夠的條件，因為我勤奮、節儉、有毅力；我肯求知，肯建立信譽⋯⋯」

心理學家分析，人類總要在超越溫飽的層次之後，才能往提升人性尊嚴、美化整合人格的方向邁進。慶幸的是，我們的事業自創辦以來，已經孕育出眾多的成功夥伴，因此，以仁義之道成就更為豐滿、更有價值的人生，正是我們需要共同追求的下一步。

▍心量拓寬通路

在美國，林肯總統執政期間，曾經有人批評他對待政敵的態度：「你為什麼試圖讓他們變成朋友呢？你應該想辦法打擊他們，消滅他們才對。」

「我們難道不是在消滅政敵嗎？當我們成為朋友時，政敵就不存在了。」林肯總統溫和地說。這就是林肯總統消滅政敵的方法，將敵人變成朋友。

林肯兩度被選為美國總統。今天在以他名字命名的紀念館的牆壁上刻著的是這樣的一段話：

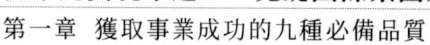

第一章 獲取事業成功的九種必備品質

「對任何人不懷惡意；對一切人寬大仁愛；堅持正義，因為上帝使我們懂得正義；讓我們繼續努力去完成我們正在從事的事業，包紮我們國家的傷口。」

你的世界有多大？在人生的旅程中，你是愈活愈寬廣，還是活得愈來愈閉塞？你有沒有觀察和思考過，為什麼有些人的人際關係非常好，而有些人卻似乎只能孤芳自賞呢？

以上的問題十分重要，因為你能不能找出正確的答案，關係著你的命運是「否」還是「泰」，你的人生究竟能有多大的格局。

影響人生寬廣度的解答，其實盡在「心量」二字。直截了當地說，你的心量能有多大，你所涉及的世界便有多大。

心量代表包容力，道家的老子在教化世人時，教大家要向大地學習，因為大地如母，孕育萬物從無揀擇。大地不表示喜惡，不嫌棄貧愚，總是毫無分別心地接納眾生，平等對待一切生靈。

坦白說來，讓心量像大地對人類而言的確是極高的標準。因為，放眼每一個家庭裡，即使是有著血緣關係的親人之間，也時有兄弟成仇、姑嫂反目的事情發生，更何況那些成長環境、家世背景、學歷、經歷、個性、嗜好都不同的人們，相處起來必然會有更多的問題。許多人之所以難以解開自己的心量密碼，就在於「看不慣」「不喜歡」或者出於「高人一等，不願紆尊降貴」的心態。我們若想擴大自己的心量，謙虛是必備的條件，要在謙虛中領悟低頭的智慧、學會包容的胸懷，並具有能拋開面子求教的勇氣。

曾有一個人問一位哲學家：「從地到天究竟有多高？」

哲學家回答說：「二尺高！」

「為什麼這麼低呢？我們人不都長得至少有四尺、五尺、六尺高嗎？」那個人問。

哲學家回答說：「所以，凡是超過三尺高的人要在天地間立足，便要懂得低頭！」

這段對話實在深富人生哲理，低頭的人象徵著有禮貌、懂得謙虛。因為放下身段才能和平相處，無往而不利地受人歡迎。而不僅人緣是從低頭中來，被人重視往往也是從低頭中來。

有了「低頭」的謙虛心態後，你會發現，事實上每一個人都有獨特的優點，正可謂「天下無一人不可用」。尤其是一個居於高位的領導者，其一言一行都帶有示範作用。如果領導者能接納前來投靠的每一個追隨者，並且放下個人好惡，公平待人，就會與員工建立起一種相濡以沫、水乳交融的情感與企業文化。同時，這種包容力也很容易相互感染並產生共鳴，使大家因共同的理想而結合，在相互尊重、包容的祥和氣氛下，成為默契十足的工作夥伴，並且長長久久。

身處營業一線的人，因工作需要每天都會接觸到許多不同的人，如果你願意以謙虛的胸懷來體會每一個人物的優點，並作為完善自己的參考，有朝一日你必將成為優秀的人。

有一種人送一束花給別人後，會用一種期待的眼神看著對方，等待對方的回饋——說聲「謝謝」；也有一種人在送別人禮物後，在家等待對方打電話來答謝，但是左等右等總不見電話鈴響，於是在家裡焦慮不安，終而心生怨尤，甚至把朋友當成仇人。

如果這樣，那何必送禮呢？把回饋歸於自然，你打電話來我欣然接受，你不打電話來，沒有關係，我也忘了送禮這回事。不把回饋看得太重要，你自然會心生喜樂。

一位事業夥伴寫了一封信給我，我看了很感動。信上說：「以前我對您所說的『寬闊！寬闊！再寬闊！』這句話不甚明白，而且覺得做起來很困難，如今我才體會出這句話的真義，並奉行不悖。現在我已經能容忍一切逆境，容忍別人的短處，我相信我一定會成功，不辜負您的期望。」他雖然花了一年的時間才把這句話的精神想通，但是為時不晚，我感到很欣慰。

經常願意虛心學習的人不僅會豐富自己的人生閱歷，也會使人樂於親近。不過，一旦心態轉為自負、驕傲，結果就大不相同了。至聖先師孔子曾告誡

第一章 獲取事業成功的九種必備品質

我們,「三人行,必有我師」,說明人沒有十全十美的,唯有不斷吸取他人的經驗來彌補自己的缺失,才能日臻完美。而心高氣傲的人就像裝滿了水的杯子,再也沒有多餘的空間,因此非但不屑於向他人學習,往往還自封為他人的楷模,光從這一點就足以斷言,這種人不可能有圓滿的人際關係。

據我多年的觀察,凡是頑固、堅持己見不肯調整的人,多半是由缺乏自信所引起的心理在作祟。他們覺得修正自己就像敗給對方一樣的狼狽,所以永遠在心中做著矛盾的掙扎與無止境的逃避。

古希臘最偉大的哲學家柏拉圖有一句名言,「克服自己是人類勝利中最偉大的勝利!」也就是說,只要你能放下身段,以謙虛取代傲慢,你就可能從凡夫俗子躍升為聖賢之輩。翻開歷史,歷代賢明歷歷可數。司馬相如、卓文君曾放下身段,開小店來維持生計;范蠡帶了西施隱姓埋名,放下身段從商;越王勾踐放下身段服侍吳王夫差,最終實現復國。

這樣的故事充分說明了謙遜而沒有身段的人,往往會是奧妙多變的生命旅程中的大贏家。相反,傲慢、驕縱則會使人的心、眼同時蒙塵,以至於看不清世界的真相。

閩南語有句話說:「龍交龍,鳳交鳳,隱疴的交侗戇。」一般人都不喜歡跟比自己強的人交往,因為會產生壓力。在遭遇挫折時也只敢跟與自己不相上下的人,甚至不如自己的人訴苦,結果只會自怨自艾,終至一敗塗地。因此,向什麼樣的人傾訴也是非常重要的。

遭遇挫折後,你應該向你的指導者反應,他們會以過來人的經驗協助你,關鍵在於你是否肯接受指導。逆流而上確實比隨波逐流要耗費更多的力氣,但是唯有逆流而上你才能到達山的頂端、水的源頭;一味隨波逐流,你只有歸諸大海化為泡影。或許你已因加入我們的事業得到了有形資產的增長——銀行存款增加、購屋置產、以轎車代步等。但是,只有這些還遠遠不夠,唯有有形的成長與無形的成長皆完成,你才算是真正的成功者,只有財富的成功不是真正的成功。有形的成長與無形的成長並駕齊驅才是更重要的。

無形的成長是指人內在能力的增長,也就是心靈的成長,其核心正是心量與包容力的磨練。這需要我們無時無刻不忘充實自己。有形的財富時有漲跌,並不穩定;而心靈的成長,會像磁鐵般牢牢地將財富吸附在你身邊。

第二章 成功人士的十一個能力特點

人無所捨，必無所成。

滄桑不會給我們憐憫，無情不會給我們同情，大海不會給我們一帆風順，蒼天不會給我們風調雨順，只有勇於自我改變、心靈強大的人才能夠適應變幻莫測的環境，用明確的目標來鞭策自己的人生，用熱情、積極的態度共赴使命，最終享受一場豐盛的生命之宴。

▍改變自我，成功才能恆久

我曾因為成功地甩掉了十公斤的贅肉，成為親朋好友爭相談論的焦點。

那是發生在三個月之間的事，但所減除的體重卻已追隨我近二十年。二十年來，我因體重過重而罹患上一些疾症，諸如高血糖、高血脂……家人辛苦地為我控制飲食，我也早已習慣與藥為伍。本以為此生的體態和生活形態一樣，是一個不可逆轉之重。沒有想到，透過正確的認知和堅持下去的信念，情況便奇蹟一般地逆轉了。

我幸運地碰到了一位好的醫生。她破除了我「年紀大了必會與藥共生」的錯誤觀念。我重新建立適當的飲食習慣，並持續而平和的運動，保持正常的作息。就這樣，以前居高不下、長期困擾我的各項指數，不期然地和掉落的體重一起降了下來，慣常服用的藥物也一顆一顆地被醫師慢慢減免了。我再次踩著輕快的步伐，再見久違的活力。

透過自身的歷練我掌握了成功的鑰匙，即成功與失敗的分野繫於我們的觀念、性格及行為。

以我減重的實況為例。我一直以為用醫藥解決生理疾患是一件理所當然的事，這樣的觀念使我看不到正確的飲食、運動和作息所能發揮的功效。然而，當我的醫生讓我換了一種生活方式──先吃蔬菜、水果，再吃肉類，每天都要走路、練肌肉、發汗……我改變舊觀念、舊作風，開始新生活沒有多久，不可思議的效果就發生了。真是「踏破鐵鞋無覓處，得來全不費工夫」。

身處日新月異的知識經濟時代，換思維的需要與挑戰是遍及各行各業的，也就是改變自我是必需的。如果太過依賴過去的觀念與經驗，即使成功過一時也未必能恆久。

在人生的漫漫長河中，自我反省與自我合理化就像一條涇渭分明的分水嶺，前者引領一個人步步慎思，向自己的因循苟且與昏暗無明挑戰，在克服了自我的弱點之後，終能攀登人生高峰。後者習於遭遇挫折即用自我合理化規避責任，這無異走上一條不進反退的回頭路。在這條路上，看不到寬廣的境界，只充滿了抱怨與推諉的指責，結果路愈走愈窄，即使走進了死胡同，當事人恐怕還不知道這一切都是自己造成的。

換句話說，「昨是今非」與「昨非今是」都是可能發生的人生實境。現代人不能再以不變來應萬變，而是要認知到世界上的萬事萬物都在不斷變異，每一個個體如果具備「做變形蟲」的心理準備，就不會故步自封，被過往的經驗框架束縛。

請問，你是否誠實地剖析過自己的心態和慣性，確實瞭解你到底是屬於不斷提升的前者，還是只顧面子好看，不肯跟自己攤牌的後者呢？或許，有正直不阿的指導者曾經指出你所犯的錯誤，但卻遭到你當面駁斥，因為你實在不願意相信，你並不如自己想像中的完美，你拒絕改變。

這種心態可謂人之常情。因為，絕大多數的人都是極其平庸的，甚至如水之就下，自甘沉淪。在金字塔上層的人中人、人上人必須具備客觀的審慎思考能力。也就是說，有一種改變自我的心態，能把自己當第三者一般來觀察、評估。如果能客觀地看自己，反省能力便唾手可得。

其實，不僅是個人需要靠反省的力量來改變自我，打通成功的捷徑，任何一個企業亦然。例如，在面對挑戰的當下，一個企業如果只是一味地推諉、塞責，責怪大環境改變、政策不公、市場競爭太激烈、人才流失……最後必然慘遭淘汰。難怪有人會說，在不景氣的時候也有成功的企業，而在景氣的時候也有倒閉的企業。

人類最大的敵人便是自己。自古以來，我們總是封打敗敵人的一方是贏家、英雄，殊不知能克服自己弱點的人甚至可能超凡入聖，境界比俗世的英雄不知高出多少。

　　可放可收的「變形蟲」，的確可以作為不斷改變自我、掌握不同階段成功需求的終極戰略。就像一潭活水，永遠能適應不同的處境，絕不會僵化、生苔。「變形蟲」在調適自我的過程中總要去蕪存菁才能展現新的生命活力，我們又何嘗不是如此？

　　從換腦袋到換軀殼，是一條一脈相承的活路，走對了路便會在生命的歷程中不斷地脫胎換骨，創造新的可能性。這條路說難也不難，關鍵在於你能否堅持到底，不半途而廢。

　　至於如何改變自我，戰術極其簡單。只要肯天天反省，不怨天尤人、自我合理化，就已邁上成功的起點。一旦養成反省的習慣，你會發現，別人是「世上不如意事十之八九」，你卻是「世上不如意事十之一二」。你還會發現，花開花落都有其美好的一面，能活在人世間，實在是「日日是好日」、「時時是好時」。

　　改變自我，使我成功地擺脫了過去的贅肉並維持佳績到現在，讓我重新看到了光明的前程。身為事業的主持人，我已掌握了成功的舵，不僅能駕馭自己的身心，也一定能用煥然一新的氣象、活潑有力的氛圍，再造事業的新巔峰，再畫贏家的新版圖。

　　成功操之在己，我能夠改變自我，相信你一定也行。讓我們再一次手牽手、心連心，衝出一片屬於自己事業的美麗新浪花。

▌超越自我，做最好的自己

　　凡是接觸體育新聞的人，一定認識林書豪；凡是觀看美國 NBA 的人，一定瞭解林書豪在籃球場上的奇蹟。

　　經典的傳奇之役就在 2012 年 2 月 11 日。

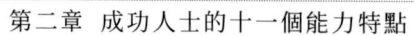

在NBA高人林立的世界裡，他長得不壯，跑得不算快，跳得也不夠高；他是三十二支球隊、近四百名球員中僅有的四個亞洲人之一⋯⋯種種條件加總起來，讓他猶如一匹不可能贏得比賽的三流賽馬。然而，當不被看好的賽馬反敗為勝，故事變得愈來愈吸引人了。

　　這個差一點被解約，從無上場機會，年薪僅有對手3%的板凳球員，在球隊贏球無門的絕望氣氛中遇到了生命的轉折點。他所屬的紐約尼克隊（NewYork Knicks）連輸了九場球，明星球員紛紛負傷或請假，總教練無計可施，終於在第一節還剩3分35秒時指派林書豪上場。這一場球，不僅改變了他個人的命運，同時也吸引了全世界的眼光，過去並不起眼的林書豪，竟帶領士氣低落的團隊贏得了勝利。接下來的12天，他不僅帶領球隊取得了七連勝，並當選東區週最佳球員，還破例獲選參加NBA新秀明星賽，被眾球迷稱為「林瘋狂」，讓全世界開始為之瘋狂，就連美國總統歐巴馬都說：「這是一個非常了不起的故事。」

　　從此，24歲的哈佛大學畢業生林書豪用籃球帶給無數人心靈的指引。他擁有人人稱羨的學歷，但在球場上這卻是一個負三百分的印記：亞洲人、哈佛書呆子、跑不快又跳不高。照理說，他如果不打籃球，把履歷丟到華爾街，一定會有投資銀行捧著豐厚的合約找上門。但他執意要證明自己，決定捨棄容易的寬闊大路，硬闖人跡罕至的窄門，結果是他詮釋了《聖經》的啟示：「患難生忍耐，忍耐生老練，老練生盼望，盼望不至於羞愧。」

　　在之前的兩年，林書豪歷經顛沛流離的NBA流浪之旅。他曾經在15天內連續失去兩份工作。第一年的NBA生活，平均出賽不到10分鐘，主要的工作內容只是個替補球員的「替補」，永遠坐在板凳的最後面，還得幫高中畢業的球員遞飲料。沒有教練願意給他機會，他的能力和才能被球隊低估，始終得不到最佳舞臺，他甚至懷疑起自己的能力：「籃球好像吞吃了我，經歷、思想⋯⋯我很不快樂，完全不快樂⋯⋯」

　　一般人面對不順或苦難的環境，很容易就自暴自棄，不是歸咎生不逢時就是大嘆懷才不遇，而林書豪沒有這樣做。在他最感到挫折時，《聖經》中的一段話激勵了他。「就是在患難中也是歡歡喜喜的；因為知道患難生忍

耐」。他發現這似乎就是上帝給他的真實寫照，在 NBA 載浮載沉，兩度被球隊拋棄，空有一身本領，卻找不到舞臺。他從這句話中汲取了力量，開始改用正面積極的態度面對眼前的一切。身為被下放的後備球員期間，他跟其他的板凳球員建立起絕佳的關係與默契。他知道每個人的打球風格、習慣，以及走位的方式、速度。即使坐在板凳區，他也沒有閒著。他會用眼睛觀察戰況，腦袋裡就模擬著可能的情境與戰術，「如果是我在場上，這一球該怎麼打……」

他用沉潛、蟄伏積蓄未來的能量，隨時都在創造被發現的機會。當大家透過新聞媒體認識林書豪時，正是他帶著從患難中積聚的力量，等到機會來臨之時。

林書豪的機遇和成功源於他超越自我的心境。心境對人的影響甚大，因為心裡所浮現的每一個念頭都足以設定你前進的步伐與走向。例如，有人認為日日是好日，時時是好時，只要自己心念已決，就是採取行動的最佳時刻；有人卻相信星座或八字導引時運，必須坐待機會來臨才能一躍而起。相較之下，前者主動積極，自己掌握命運；後者則多有顧忌，把命運交給先天帶來的條件，放棄了後天創造機運的可能，因而往往與成功失之交臂。

人人都在追求成功，但卻少有人靜下心來好好想一想，到底什麼是成功呢？作為 21 世紀的公民，究竟應當如何追求成功？事實上，人們對於「成功」的看法，本來也是多元而充滿創造性的，定義絕不止一種。成功的道路並不只有一條，成功的標準亦不只是一個。在與他人的競爭中脫穎而出固然是成功，但有勇氣不斷超越自己、超越過去的人，是不是也可以躋身成功者的行列呢？

答案是肯定的。就像一位看似平凡的高科技研發人員所說：「我經歷過許多順境和逆境，雖然不知道在別人眼裡我算不算成功，卻已更加自信和快樂。因為我學會了把遠大的理想變成具體的奮鬥目標——做好每一件事，快樂每一天。對我而言，成功就是不斷地超越自我，讓自己的人生快樂、充實、有意義。」

以此看來，不斷超越自己、努力做到完美的林書豪是成功的。那麼，我們該在哪些方面努力提升自己，才能到達成功的彼岸呢？林書豪告訴我們：

1. 沒有人相信你時，你要相信你自己。

2. 當機會上門，要好好把握。

3. 找到適合你人格特質的做事方式。

4. 不要小看你身邊的人才。

5. 保持謙遜。

6. 永遠不要忘記運氣與命運在生活中的重要性。

7. 當你榮耀身邊的人時，他們會永遠愛你。

8. 成功並非偶然，平時須奮力準備。

林書豪透過自己的努力，抓住了難得一遇的機會，實現了由草根向明星轉變的成功。回顧歷史，有許多像他一樣的人，在歷史的篇章中寫下璀璨的一頁。

愛因斯坦是著名的物理學家、相對論的創始人。他對大自然中的一切都懷有強烈的好奇心，無論何時何地，他都寧可如醉如痴地漫步在科學的聖殿裡，也不願花時間理一理自己蓬鬆的頭髮，或者為自己選一套合身的衣服。

林肯是美國第十六任總統，他在叱吒風雲的政治和軍事舞臺上取得了公認的成功，但更讓所有美國人難以忘懷的是他在通向成功道路上表現出對國家、對民族的深厚感情。

德蕾莎修女是諾貝爾和平獎獲得者。她一生致力於幫助陷於貧窮與饑餓的人們。也許她並不能夠從她所從事的事業中獲得更多的財富，但她的無私奉獻卻為自己和他人帶來了最大的快樂。

比爾·蓋茲是微軟公司的創始人，是全球軟體產業的領軍者，至今已名利雙收。但在他看來，衡量成功的準繩是看能不能給自己的家人、朋友和自己所尊重的人帶來幫助，以及透過什麼才能改善他們的生活。

這些例證告訴我們，其實成功就是不斷超越自己，就是「做最好的自己」。換言之，成功也就是按照自己設定的目標，充實地學習、工作和生活，就是始終沿著自己選擇的道路，做一個快樂的、永遠追逐興趣，並能發掘出自身潛能的人。因為自己所從事的是真心喜歡的事情，所以才會更加有動力、熱情將事情做到完美。由此，獲得財富、名利的回饋也是水到渠成、極其自然的結果。

希望每一位夥伴都能夠不斷地超越自己，做最好的自己，輕鬆而快樂地取得成功。

強健內心，為成功鞏固基礎

1982 年，英國倫敦成立了首個「心靈研究會」，並由劍橋大學三一學院的研究員西奇威克出任第一屆主席。他們的主要觀點是，人類具有一種潛在的能力，能夠不透過正常的感官來感知世界。他們還對人類的情緒和心靈進行了一連串的實驗與研究。

研究發現，的確有可以訓練情緒、精神和心靈的方法，而這一套被稱為「心靈科學」的方法極可能是下一波企業競爭力必備的因素。因為透過訓練適度刺激人類的腦波，能夠增強人們的專注力，提高敏感度，還能釋放疲勞，產生創造力。

大多數事業上小有成就的人都有著無限的活力，這正是因為他們借助心靈教育提升了自己的正面情緒。

如何才能使弱化的心靈強健起來呢？唯有透過精神訓練──澄清思慮，開發及訓練人們的正面情緒及專注力，穩定腦波和心律讓才智活力有高度表現。

這樣的腦波穩定運動也就是一般人較為熟知的「靜坐」。靜坐是一種協調身體，能夠使人恢復生命力的方法。透過靜坐，人們的氣質和品德也能夠得到提升。實驗證明，當人們在靜坐時，腦部負責調節情緒的左額葉前部皮質，有重要的電流活動。當左額葉前部皮質很活躍時，通常同時會有快樂、

熱誠、愉悅、精力充沛等的正面感受。因此，歐、美和亞洲的大企業，紛紛掀起一股為員工減壓的心靈訓練風潮。

靜坐可以讓平常藉著五官、身體以及我們的意識所交涉出來的世界逐漸沉寂下來，在這種情況下，人體的神經、內分泌系統會帶動各生理系統自動調整，就像電池充電般迅速地洗滌身心，淨化從小到大在心裡積存的喜、怒、哀、樂等情緒，用沐浴過的身心，心平氣和地重新出發。因此這便是最佳的情緒健身房、最有效的心靈訓練機器。經過適當的精神訓練，你會像一臺關機後重新開機的電腦，身心都變得更加靈敏、好用。

令人驚喜的是，雖然靜坐的初衷只是為了替員工減壓，但施行健心的企業營運績效、獲利和創新都跟著顯著成長。在日本，已有包括豐田汽車、京瓷美達等大公司在內超過一百家上市公司有常態性的健心活動。臺灣也有不少企業注意到心靈資本的重要，引進了形式不一的健心法。有大企業在內部設置冥想室，或者分批推動「腦波穩定運動」。身體力行的人大都體會到透過健心可以激發人類意識中與生俱來的觀察力和創造力。

談到這裡，相信敏銳的克緹人應該已在思量如何把這項制勝法寶運用在自己身上了。十幾年來，重視健康與美麗的克緹人或多或少都有上健身房的習慣，透過塑造外形來建立人際互動中的自尊與自信。然而，無論是企業或是個人的永續經營，心靈資本才是真正能夠提升總體競爭力的關鍵。換句話說，時至今日該是我們趕上世界趨勢的浪頭，建立屬於我們的「健心法」的時刻了。

其實，老祖宗早在千年以前就已傳授給我們「定、靜、安、慮、得」的健心五字訣。如何能讓放逸奔馳的心不再無時無刻地向外探求而喘息不安呢？我想，每天抽出半小時的時間來靜坐，沉澱紛擾的思慮、放空需求的心態，是我們對於健心所可採取最簡便又有效的方式。

健康的心態還包括以下幾點：寬容心態、理解心態、尊重心態和自信心態。寬容心態指的是不因為別人的錯誤而責怪他們，對他人要儘量做到包容；理解心態則指的是要相信別人是真誠的，並減少與他人之間的誤解；尊重心態意味著要多欣賞別人，對任何人都要抱有尊敬的態度；自信心態則是建立

在成功的經驗之上,每一次小的成功都能夠為以後大的成功奠定基礎,擁有自信心是成功人士必備的一項素質。

生命過程有如登山,不可能一直是平步青雲、年年高升;沿途必然有高低起伏甚至是崎嶇不平。如果一個人提得起卻放不下,只能升而不能降,人生終將因心理的不平衡而痛苦不堪。如果是既能提起又放得下的人,則有擔當、有能力,心地坦然足可擔當大任。當大眾及現實環境需要時,他可以隨時出馬;當大環境改變,形勢已不再可為時,他可以隨時放下。他毫不眷戀,且會以更寬廣的胸襟隨時迎接另一個階段的新發展。要達到這種境界,就需要時時用「健心」的方式修煉自己的內心。

比如,在我們的教育訓練中,我就經常提醒大家要保持「空杯心態」,這種心態不但意味著謙虛而不自滿,亦同時表示內心沒有成見,不被經年累月養成的慣性牽著鼻子走,能客觀衡量每一個當下的需要,機智地做出最合宜的反應。能隨時保持空杯心態的人一定極富創意、不拘泥於約定俗成的觀念,海闊天空、自由翱翔。

坐而言不如起而行,「健心」行動須定期、持續、反覆練習,否則很難翻新,你將仍是原來的你。

▌明確目標,為生命注入原動力

舉世皆知的美國鋼鐵大王卡內基原本不過是一家鋼鐵廠的工人,但他決心要製造出比其他同行更高質量的鋼鐵,結果他不但達成所願,還成為美國的富豪之一。

當卡內基下定決心要製造鋼鐵時,這個目標就已變成了他生命的原動力。接著他開始尋求一位朋友的合作,這位朋友被卡內基堅毅的精神所感動,便也貢獻出了自己的一份力量。這兩個人具有共同的目標和熱忱,又以極強的感染力說服另外兩個人加入了他們的行列。最後,這四個人形成了卡內基鋼鐵公司的核心經營團隊。他們組成了一個智囊團,齊心協力地籌足了達到目標所需要的資金,也一起享受了成功的果實,四個人都成了當時的巨富。

由此可見，明確的目標足以使人形成一種強烈的慾望，只有發掘出這種慾望，人們才能擁有使自己成功的力量，其中包括自力更生、個人的進取心、想像力、熱忱、自律和全力以赴的拚搏精神，這些都是一個人成功的必備條件。

當我們研究那些已獲得巨大成就的人物時就會發現，他們不僅都有明確的目標，而且無一不是花費最大的心思和努力去實現自己的目標。

以往，你是用什麼樣的態度面對流逝的時光呢？

我相信，絕大多數的人都是相當隨性地跟著自己的感覺走，甚至也有可能從來就沒有思考或回顧過每天的生活作息、時間的管理與配置。但是，當某一天你突然覺得年華已逝卻又一事無成時，鋪天蓋地而來的沮喪感只會使你感到越發消沉，你甚至不明白問題的癥結所在。

從貧窮走向富裕的康莊大道，最為關鍵的一步在於你必須瞭解所有財富和物質的獲得，都要透過明確而清晰的目標實現。一個沒有目標的人就像一艘沒有舵的船，永遠漂流不定，只會到達失望、失敗和沮喪的海灘。拿破崙就曾這樣分享過自身的體驗，除非你有確實、固定而清楚的目標，否則你就不會發現內在最大的潛能，你永遠只是一個徘徊的普通人，放棄了成為有意義的特殊人物的機會。

鮮花和榮譽從來不會降臨到那些沒有目標的人身上。成功的人士都是因為制定了目標，並且堅定地朝目標不斷前進。凡是聰明而有理想、有上進心的人，一定都有一個明確的奮鬥目標。他懂得自己活著是為了什麼，因而所有的努力都能圍繞著一個比較長遠的目標進行；他知道自己怎樣做是正確而有用的，否則就浪費了時間和生命。因為，唯有選擇了對自己人生具有突破性的目標以後，我們的內在潛能才能充分地發揮出來。換句話說，成功的道路必然是由目標鋪設而成的，健全的計劃絕對可以為豐饒而又富有動力的生活播下種子。

你可能早已經觀察到，有許多人和你一樣辛勤地工作，甚至比你更加努力，卻沒有和你一樣成功。這是因為明確的目標使你的行動愈來愈專業化，

而專業化的行動足以使你的表現達到相對完美的程度。事實上，明確的目標就好像一塊磁鐵，它能夠把達到成功所必備的專業知識和技能強力吸納到你這裡來，這就是目標的聚焦魔力。那麼，該如何制定適宜的目標呢？一個好的目標必須具備下列幾項要求：

（1）目標應該是實際而可行的，如果不切實際，訂立的目標與自身條件相去甚遠，就不可能達到。

（2）目標應該是明確而具體的，否則行動起來就會有盲點。

（3）目標應該是專一的，切忌經常變幻不定。目標過多會使人無所適從、應接不暇、無法應對。

我們在制定了適宜的目標之後還要努力去實現它，這就需要我們透過觀想力來達到目標。一帖失敗的治頭痛藥方，到了「可口可樂」企業手中，就可以搖身一變生產出日進斗金的飲料。因為可口可樂的創辦人坎德勒擁有一種特殊的能力，他能看出別人看不到的未來性，而這也正是現今最成功的人都擁有的一種能力，即從現在看到未來，並規劃出一連串的行動，從而獲得創造成功，這種能力就是觀想力。

《從種子看見大樹：用賞識力預見成功》一書的作者塞欽可瑞和梅茲可，揭示了一個非常重要的論點：凡現今最有創造力和最成功的人都有一種不尋常的能力，那就是即使在最不利的情況下，他們也知道該如何重建現實環境，讓隱藏的機會顯現出來。

這種能力可以說是賞識力，也可以名之為觀想力。以隱喻來說，就是看到的不只是現在一粒小小的種子，而是這顆種子如何隨著時間推移，長出粗壯的枝幹和濃密的樹葉。

擁有這種能力的人即可在現狀的遮掩下，預覽未來的創新產品、頂尖人才或寶貴解答，等等。一旦他們把這種能力運用到生活和工作當中，就會變得更富創意，更具有忍受挫折的耐力，最終獲得成功，實現自己的理想。

觀想力從何而來？其中必須具備三個要素。一是對正面價值的肯定；二是重新架構事實；三是從現在看到未來如何開展。三者就像一張三腳凳，缺一不可。

認知心理學家指出，不論有意或無意，成功者都能用欣賞和肯定的眼光觀察日常生活中的事物，包括事件、情況、障礙、產品和人等。因為他們常能看到事物的正面意義，因此也能發現他人可能被遺漏的潛能。

至於架構事實，則是指一個人刻意透過某種角度看人、事、脈絡或局面的心理過程。例如，你如何稱呼「半杯水」，不管你說是「半滿」還是「半空」，杯子裡的水量都是一樣的，問題只在於思維的角度不同。

而凡賞識力高、觀想力強的人，總是能夠把他們想要達到的目標和現在具有生產力的部分聯結起來。

許多人總是懷著羨慕與忌妒的心情看待功成名就的人，因而感傷自己時運不濟。殊不知，你只是缺乏一個明確的奮鬥目標罷了。執著追求目標的時候，你將會發現，你的每一個行動都會帶領你朝著這個目標邁進。希望今後我們都能做目標明確的人，用目標來鞭策自己的人生，用熱情、積極的態度共赴使命，最終享受生命的成就感！

▌高效執行，建立競爭優勢

2003 年，當全球性的經濟衰退如潮水般淹沒了昔日的明星企業時，由一位美國企業領袖包熙迪與著名企業顧問夏藍合寫的《執行力：沒有執行力哪有競爭力》一書，成為企業力爭上游的「新聖經」。這本書問世後，在美國風靡一時，還被翻譯成十二種文字，暢銷全球。其中文版剛登陸臺灣，就引起了產、官、學界的熱烈迴響。

書中特別指出，凡是業績優異公司的領導者，一般都能為企業發展確立明確而清晰的目標並嚴格去執行。他們都具有堅強的性格，不會因為小小的勝利而沾沾自喜，因為他們堅信，「止步不前者將被淘汰」。除此之外，他

們還確信如果能夠對那些具有執行精神的人給予充分的回報,並提拔那些注重執行的人,公司就會逐漸建立起一種執行的文化。

在不同的時代,總會出現不同的管理理念與經濟思潮,這些理念與思潮有些歷久而彌新,有些則稍縱即逝。如今,執行力的理念已經成為商界主流思想。執行力的理念之所以會受到大眾的好評,背景因素不外乎:進入知識經濟的 2002～2003 年,全球突然陷入前所未有的通貨緊縮。無論是跨國企業還是各個中小企業,都必須立即調整所有的營運策略,其中包括人員的配置、資源的整合等,一直到推出新產品。面對這樣的劇變,企業最需要的不再是彩虹般的想像力與新的商業模式,而是最扎實、果斷,能帶來實效的執行力。

員工能否把一個正確的任務,或者是一個正確的策略徹徹底底地完成,一向是企業成功的關鍵。簡而言之,能徹徹底底地完成任務的能力就是執行力。讓企業保持永續經營的祕訣就在於每位主管和企業都必須擁有執行力。

執行力是一整套非常具體的行為和技術,能夠幫助公司在任何情況下建立和維繫本身的競爭優勢。也就是說,執行本身就是一門學問。人們永遠不可能透過思考去養成一種新的實踐習慣,只能透過實踐,來學會一種新的思考方式。那麼,我們該如何保證執行力呢?

在一般企業裡有「三塊大石頭」阻擋執行力的貫徹,它們是無知、私慾與懦弱無能,而這三者共同的基本原因就是注意力的失焦。換句話說,當注意力受到重視後,下一步就是執行力的提高。喪失注意力的人等於喪失了自我,善用注意力的人才會擁有競爭力。那麼,我們如何才能幫助注意力聚焦呢?

第一,聚焦注意力的最大阻礙就是不肯說「不」。做事拖拖拉拉,講話拖泥帶水,決策左顧右盼,都會造成「注意力匱乏症」,因此我們要避免這些因素對注意力的不利影響。

第二,要善於掌握優先次序。能捨方能得,分清楚哪些是重要的,哪些是不重要的,才能發揮核心優勢。

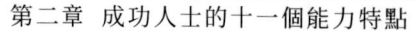

第三，優秀的決策者用少於一半的注意力應對當前的問題，而用多於一半的注意力策劃未來的發展。

除此之外，把複雜的問題簡單化也能夠幫助我們提高執行力。亞聖孟子曾說過這樣一句至理名言——「大道至簡」，引起了許多人的共鳴。可以說，人生閱歷與經驗愈豐富的人愈能品味得出「簡單」是一種何等高超的藝術。

我曾經和夥伴分享過自己賞畫的心路歷程。剛開始，我不太能理解為何一些大師級的作品只需簡單數筆，便風格立現而且價值很高，成為國際藝術市場上的搶手貨。直到我親睹近代中國畫家常玉的作品，一幅題名為《藍色星辰》，另一幅題名為《荷花》，才真正體會到大道確實至簡，而至簡必然最美啊！

常玉的《藍色星辰》是油彩作品，藍色底襯白色瓶花，無論色彩或構圖，都極為簡潔，若功力不夠必平淡無奇。然而，這幅畫卻亮若星辰，又散發出一股幽美而耐人尋味的氣息，欣賞過的朋友無不讚嘆它的藝術價值已臻於頂峰！

事實上，把簡單歸納在藝術金字塔的頂尖領域，是經過了驗證的。相信比較資深的夥伴在獲得健康、美麗與財富之外，多多少少都培養了一些鑑賞藝術的能力。僅以明式家具為例，其簡潔有力的線條與設計，很容易就能蓋過唐、宋、元等歷朝歷代的雕琢美飾；明式家具不只造型大氣搶眼，功能性也非常強。

專攻建築藝術的人，必定經歷過學習細瑣繁複的基礎課程階段，因為這樣的過程可以幫助初學者瞭解細節，掌握各種各樣變化的可能性，然而一旦登峰造極，那些細節便全被融進簡單凝練的造型裡去了。

而從事任何行業，都有「至簡」的方法，只是人們往往趨繁避簡，透過自己繁複的思維把原本單純的過程複雜化了。你可以放眼看看四周成功的前輩們，他們愈資深就愈能力行「至簡」的成功營銷之道：不花一分不必要的冤枉精力，永遠能精確地把握重點，一舉中的，而這也恰恰是執行力的精髓之處。

無論是全球性的公司或是一家小企業，執行者都必須對自己的企業、員工和營運環境有著綜合、全面的瞭解，進而深入並充滿熱情地參與實際運作，並對公司所有的人坦誠以待。

我們的事業是以人為本，人人自主的事業，每一位夥伴都是自己生命及事業的主人，因此，不僅自身的執行力可考驗業績成敗，能否指導下屬發揮執行力，更是影響事業格局的關鍵因素。讓我們互相勉勵，「坐而言不如起而行」，這個事業的競爭力就體現在你我的執行力上。

提高應變力，讓危機變為轉機

2008年是大自然及國際政經局勢考驗人類和企業是否具有應變能力的一年。農曆春節前，中國遭逢百年未遇的大風雪，災情不斷。數以萬計來自各地，一心想要返鄉過年的民眾都被這場超級風雪困在車站，陷入進退兩難的窘境。

無論是官方或民間，均把這場災害定性為「人力所不可抗拒」的非常情況。但是，仍然有頭腦睿智的人一針見血地提出：「如果我們能夠更早預知這場大風雪，並及時做出疏散的安排，那麼風雪造成的影響是否仍會讓場面失控？」這個問題的正面涵義其實就是：危機之中，難道找不到轉機嗎？

日本管理大師大前研一博士曾經嚴肅地指出：「21世紀是一個變動的時代，地球上每個角落的每一個人都隨時可能面臨劇變，因此，我們必須提高自己的應變力，完全瞭解市場、瞭解客戶、瞭解競爭動態。」他還強調，「在21世紀，感受比知識更為重要」。

你或許已經知道螞蟻在水災發生前懂得搬家，貓、狗在大地震來臨前會發出哀號，但你可能還沒有聽聞，居住在南極的企鵝甚至可以從冰山長出的苔蘚來正確判斷出冰山即將融化的事實。正因為有企鵝掌握先機，敏銳感受到周邊環境的細微改變，才有機會帶領家族遷徙避禍，把危機轉化成為轉機。及早發現冰山融化的企鵝是其族群中的大英雄。

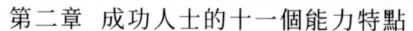

可見，並非只有自詡為萬物之靈的人類才是唯一夠格給出上文答案的參賽者。因為大自然中懂得在災難發生前趨吉避凶的實例屢見不鮮，而人類往往屬於反應遲鈍、應變不足的族群。

事實上，成功的人生是可以透過自我改變而實現的。我們的世界每一天都在改變，但很多時候大多數的人都害怕改變，因而喪失了掌控新局面的機會。時代的巨輪總在不停歇地乘風破浪駛向前方，拒絕改變的人幾乎很難逃脫落伍的命運。

在環境變化快速的21世紀，相信每個國家及各行各業無不引頸企盼先知先覺、對局勢的變遷能夠應付自如的智者，而這樣的智者就是企業界最為需求的熱門人才。他們的感官敏銳，懂得隨時升起天線接受各種微弱的訊號。此外，他們也能夠跳脫固定思維模式，不會單從個人情感好惡的角度來看事情；他們習慣於化繁為簡，以便快速應對混沌的狀況。具有這種應變能力的人就是新時代的英雄，也是最有價值的人。可以說，在劇變的年代中應變力顯然即將成為新贏家的代名詞。

值得思考的是，新贏家到底在哪裡呢？大前研一博士所指的「瞭解市場、瞭解客戶、瞭解競爭面向」的應變力，究竟出自何方？對此深入剖析後我們將不難發現，這個應變力其實是由適應力、學習力以及接受回饋的能力所組成的。

適應力是指，你願意接納改變並快速調整行為，同時處理外在變化多端的情況；學習力是指，你願意不斷地吸收新的資訊並且始終對身邊的事物保持好奇心；接受回饋的能力則是指，你以比較高的標準來自我要求並且願意接納別人對你的建設性批評。

良好的應變力還在於能夠很好地易地而處。一個人在社會交往中一旦具備了設身處地、將心比心的能力就很容易獲得他人的信任，而幾乎所有人際關係的突破和發展，無一不是以彼此的信任為前提。這種信任並不是對人們工作能力的評量，而是對他們人格、態度或價值觀方面的認可。例如，別人會相信你的出發點是好的，相信在你面前不必刻意設防，或是遮掩自己的缺點和錯誤。因此，英國知名作家麥克唐納就說：「信任是比愛更好的讚美。」

那麼，如何才能做到易地而處，進而贏得他人的信任呢？你不妨檢驗一下自己是否做到了以下幾點：

（1）想要得到他人的理解，首先就要理解他人——只有將心比心，才會被人理解。

最普遍的實例就是父母與孩子之間的代溝。如果孩子先從父母的出發點著想，或者父母先從孩子的出發點著想，雙方互相體諒、互相理解，代溝問題發生的幾率肯定會降低不少。

（2）只能修正自己，不能修正別人。想成功與人相處，想讓別人尊重自己的想法，唯一的方法就是先改變自己。

態度決定行為，行為決定習慣，習慣決定性格，性格決定命運。對別人要抱著誠摯、寬容的胸襟，對自己要懷著自我批評，有則改之、無則加勉的態度。當你希望別人修正某種看法時，最好的做法是先修正你自己。

（3）我怎樣對待別人，別人就怎樣對待我，我替人著想，他人才會替我著想。

就像照鏡子一樣，你的表情和態度可以從他人對你的表情和態度上看得清清楚楚。你若以誠待人，別人也會以誠待你；你若敵視別人，別人也會敵視你。最真摯的情誼和最難解的仇恨，都是由這樣的「反射」原理逐步積累而成的。所以有人說：「給別人的，其實就是給自己的。」這是一個可以適用於任何時間、任何地點的定律。

其實每一個人的心中都具有適應各種變遷的潛力，或許只是沒有機會讓這樣的潛力發揚光大罷了。「天下無難事，只怕有心人」，關鍵在於我們願不願意超越昨天的自己，成為明天的英雄。根據行為心理學家的研究，一個人對任何一件事情重複二十一遍就會成為習慣。可見成功是可以藉由練習達到的。換句話說，只要掌握了關鍵方法，並勤於練習，不斷提高應變的能力，人人都可能是那個轉危為安、開創新局的英雄。

▍「閉嘴」，有效溝通的前提

一日賣一屋的美國房地產天王霍金斯因為學會閉嘴以待，才突破了銷售業績零蛋的撞牆期，年賺一億美元。他是如何做到的？

時間回溯到霍金斯19歲的時候，他剛入行3個月，業績一直掛零。他咬著牙，從僅有的158美元存款中拿出150美元，去上「培訓教父」艾德華茲的課。就在「成交話術」的最後一堂課程，艾德華茲對著全班同學說：「任何時候，一旦你開口詢問了成交問題就要閉嘴，先開口的人先輸！」這句話中最關鍵的是「閉嘴」，當他提及「閉嘴」二字時，簡直是聲如狂吼。

坐在第一排的霍金斯聽到艾德華茲提點學員「閉嘴」的妙用時，立刻意識到自己無法成交的關鍵。他總是在拋出成交與否的問題後，等不上幾秒鐘，便因情緒緊張而開始講話，結果讓客戶乘機轉移注意力，因此錯失了成交良機。

霍金斯說：「這是我印象最深的一堂課，這句話也成為我銷售事業的轉折點。」也正是這「江湖一點訣」，讓他能夠翻身成為銷售天王。

大多數人總是忙著表達自己，卻一點兒也不瞭解對方，以至於話說得愈多雙方的衝突愈大。事實上，懂得「閉嘴以待」才是攻占人心的第一步，不過這也是最容易被忽略的一步，其實這才是「溝通力」的關鍵所在。

「溝通力」指的是，人們在面對主管、部屬、客戶以及同事時，在各種表達與溝通的情境下所產生的反應狀況。或許你會以為這僅僅指的是說話的能力，而此能力是由個人的先天特質所決定。其實不然，最高境界的溝通內涵應當是，你所表達的正是對方想聽的。換句話說，我們溝通得有多好，不是取決於我們說得有多好，而是別人到底聽懂了多少。

在這個人聲鼎沸、眾聲喧嘩的時代，一般人總以為伶牙俐齒的說話術才是攻城略地、創造業績的不二法門；殊不知一味地主導發言未必能夠提升溝通的質量，有時候，話說得愈多，彼此的距離反倒愈拉愈遠。因為真正的有效溝通，除了有技巧地表達，更需要我們學會傾聽。

商場之外，政壇也不乏「一句話說得成功，幾乎買下一座城市的民心，或者打贏了一場併購戰爭」的實例。美國前總統甘迺迪曾在歷史上留下過一句膾炙人口的話──「Ich bin ein Berliner.」（我是柏林人）。當時的政治背景是，聯邦德國分裂，柏林圍牆正自地平線築起，這座城市成了整個冷戰時期的焦點。甘迺迪的一句宣言，聽在一個分裂的國家人民耳中極為受用，這句話把代表自由的美國與渴望自由的德國聯結起來，徹底收買了西柏林的人心。德國人甚至認為，「沒有美國，這個西柏林或許早就不存在了」。

「閉嘴以待」並不單單是沉默不語，它的準確意義在於你得先聽懂別人的心，然後再用別人可以接受的方式去溝通。換言之，聰明地閉嘴是一種積極的交流態度。閉嘴之後，你自會聽懂人心，然後才可能產生適合的溝通方案。

由此可見，「閉嘴以待」在人際溝通中有著舉足輕重的地位，甚至可以決定一個人能否成功。當然，「閉嘴以待」聽來簡單，在實施時則需要按照以下的三個步驟進行才算成功：

第一步，要有勇氣。問完有關成交的問題，得耐得住沉默的壓力，靜心等待客戶回覆。

第二步，要想避免雙方沉默時的壓力必須勤加練習。譬如，先在平常最容易成交的地點專心坐好，閉緊嘴巴坐上一下午，練習用平常心面對自己的沉默。

第三步，可以坦然面對沉默之後，試著讓自己專注三十秒鐘，沒有肢體語言，什麼都不做。因為實際需要面對的情況，只需要沉默三十秒。

銷售天王霍金斯提醒業務員：勇氣、專心坐好與沉默三十秒，是銷售中最關鍵且最容易練習的技巧，唯有做到閉嘴以待，才不會錯失大錢。但很少有人能做到。

雖然我們難免羨慕許多成功者有其獨到的表演心法，但究竟很少有人天生就擁有一流的溝通力。你可以藉由模仿、練習與改變心態，來培養這個「軟技能」。

心理學家依照自信心與同理心的程度高低，把人類的溝通模式分成無尾熊型、狗型、鷹型和獅型等四種。無尾熊型的人以宅男、宅女為代表。他們很少與人溝通，缺乏自信，同理心也不足；狗型的人多數是例行公事的上班族，有同理心，能乖乖辦事，但同樣缺乏自信；鷹型的人以主管居多，追求自我表現，缺乏同理心；獅型的人則是有高度自信心，也有強烈同理心的領導人，愛表現，也樂於助人，但容易給人壓力。

　　對於這幾種類型的溝通模式，我們必須先瞭解自己的傾向，才能針對盲點加以改善，進而在任何情境下都能成為擅長聽與說的良好溝通者，以下幾種溝通策略可以幫助你突破盲點：

　　無尾熊型溝通者可以這樣做：

　　(1) 跟人說話時多多練習以眼神凝視對方。

　　(2) 發言前先打草稿，以增強自信；累積足夠的正面經驗，以降低出錯的風險。

　　(3) 多多爭取說話的機會。

　　(4) 請上司或好友提醒、糾正你的溝通缺點。

　　(5) 找出你的假想敵或學習的對象。

　　狗型的溝通者可以這樣做：

　　(1) 擴大自己的優勢以增強自信。

　　(2) 用自己習慣的溝通方式提升自信；不擅口頭表達的人可改用文字來溝通。

　　(3) 錄下自己說話的狀態，不斷的檢討和練習。

　　(4) 多多爭取表達的機會。

　　(5) 平常多跟經常正面鼓勵別人的朋友在一起。

　　老鷹型溝通者應該這樣做：

(1) 講話前隨時提醒自己，要同時打開自己的耳朵。

(2) 除了自覺之外，請朋友幫忙注意你的表現。

獅子型的溝通者不妨這樣做：

(1) 要自我省察，節制偶爾過多的自信心。

(2) 請朋友提醒，讓自己的表達適可而止。

　　總之，人際關係是雙向的。在這種類似拼圖遊戲的互動中，你不妨將最後一塊拼圖的主導權交給對方，讓對方心甘情願的與你一起圓滿完成任務。為此，你需要消除自以為是的習氣並且克制盲目的說話衝動。不過，一旦你學會了這些技巧，不僅你的溝通能力會提高許多，事業也可能會因此更上層樓。

分享與合作，再進化的原動力

　　底瓦爾博士服務於英國艾莫瑞耶克斯靈長類中心，他和其他研究人員曾對實驗室中的幾隻捲尾猴做過一個實驗，想觀察牠們能不能透過相互合作取得食物。

　　這些猴子被有網的隔板分開。研究小組在測試室前，在一隻猴子剛好能碰得到的地方放了一個很重的盤子，上面擺的是盛著食物的碗。他們發現，當兩隻猴子一起合力拉盤子時，便會分享牠們取得的食物。但牠們只是在看得到彼此時才合作，如果用不透明的板子阻隔牠們的視線，牠們就不會合作。由此可見，捲尾猴合力拉取食碗並不是一項不經意的行為。

　　底瓦爾博士曾經在黑猩猩身上清楚地觀察到了牠們之間互相幫助的現象，他稱之為「刻意的互助」。這次，他又從捲尾猴身上見到了這一現象，他認為這是更加難能可貴的行為。他說：「這足以證明，這種交換服務的互惠合作傾向普遍存在於動物界。」

　　底瓦爾博士解釋說，在演化的過程中，早在3500萬年前人類這一支便和捲尾猴分開了，而黑猩猩卻直到約500萬年前才和人類分道揚鑣，因此，

捲尾猴和人類是關係很遠的物種。當底瓦爾和其他工作人員在實驗室中發現，捲尾猴不但能夠很快地學會合作，同時也會互相幫助以取得食物，並彼此分享時，不禁感到萬分驚訝。他說，「人類講求的道德並不是獨一無二的現象，更非無端端的憑空而起；我們在猴子身上發現在這方面動物界有類似性。」

分享與合作一向是我們的事業標榜的最高經營理念，成功的夥伴們對此幾乎無不津津樂道。相信大多數的夥伴都會自信滿滿地說：「分享與合作，我們最在行。」不錯，自創業至今，克緹最足以傲人的就是企業文化。「六大信條」說得最明白：扶助值得幫助的親朋，您就會有福氣。把喜悅與人分享，喜悅也就更加豐盛。事事講求分享，代代永得平安。假如我們故步自封，認為自己已經充分體現了分享與合作的內涵，我們很可能就會失去再進化的原動力。換句話說，分享與合作是一個永無止境的標竿。

分享與合作是每一位成功人士必備的基本條件，因為唯有透過分享，整個組織體系才會和諧；唯有透過分享，我們的事業才會蒸蒸日上。分享不僅能夠創造出財富，更能成就人們完美的人格，這個價值甚至遠超過可以量化的金錢。

分享意味著付出。付出是一種深刻而持久的傳承，傳承的行為也是一個人身心健康的重要表徵，背後的信念應是「給人一條魚，只能吃一餐；教他學會釣魚，一輩子都有魚吃」。我們培育他人最好的方式就是把愛的火炬傳承下去，讓他們的人生能夠以意料之外，而且非常美好的方式茁壯成長起來。這和「六大信條」的精神正可謂是「一以貫之，不謀而合」。

學會合作同樣是我們取得成功的必備條件。與他人合作需要我們有良好的人際關係、樂於付出和奉獻，這將使我們最終與同伴共享榮耀。在與同伴合作的過程中，我們的成長將影響別人。今天我認識你，我自然有責任來幫助你，如果你同樣用這種心待人，就很容易獲得成功。我們再集合眾人的力量去幫助少數人度過生活的危機，也用此心態幫助一些人在這個事業裡獲得人格成長、事業成功，這一些人又去幫助更多的人……我們的事業就會在互助與合作中遍及海內外。

另外，我們在與同伴合作的過程中，經常需要互相幫助，這能夠使我們獲得很大的滿足感。早在 1988 年，路克斯博士就提出過「助人者的快感」（helper's high）這個名詞。有 50% 的助人者表示，他們在幫助別人時感到會「亢奮」，還有 43% 的人會覺得自己變得比較強壯、有活力，甚至有 13% 的人身體的疼痛減輕了。

既然分享和合作如此重要，我們該如何實現它們呢？

首先，要奉行我們的「六大信條」。我在創辦事業之初即以「六大信條」勉勵大家奉行分享和合作的為人處世之道。「六大信條」中提到：要扶助他人；把喜悅與人分享，喜悅也必會更加豐盛；奉獻愛心不求回饋的人，永不缺欠；事事講求分享，代代永得平安。事實證明，信奉「六大信條」的人往往都懂得分享與合作，他們經營的事業也愈做愈好，最後不但在事業上取得成功，在人際關係上也獲得了成功，這一點往往比贏得財富更有價值。

其次，我們要善於從別人身上獲取經驗，並樂於將自己的經驗傳授給他人。美國的大教育家杜威博士，就是主張「從做中學」的學者。換句話說，「行萬里路，讀萬卷書」是求取知識的通道；談人或談事也是獲得知識的方法之一。這也正是為什麼我們的事業特別強調要吸收成功者經驗的原因。

我們所要傳遞與分享的知識是相當廣泛的，其中涵蓋儒家的管理思想，以及對產品的理解、對金錢的運用、對客戶的服務⋯⋯而每一個項目都必須透過多次的教育訓練，才能讓參與的夥伴們都進入這一知識的寶庫。

最後，在每一個日子的開端，我們都要檢視自己在心靈上是否還有尚未打開的死角，它們有可能讓我們的能量或觀念受到局限，從而遲疑與人分享或怯於與人合作。如果有，想想那囚居一隅的捲尾猴吧！相信人類再進化的空間，將是無限寬廣的，我們何不期許自己成為不斷進化的先鋒呢？

▌用知識創造財富

有一家工廠的機器壞了，工人檢查了幾天都沒能發現問題。老闆聽說有一位工程師知識面特別廣，很擅長處理各種機器的故障。於是，他託人請來

第二章 成功人士的十一個能力特點

了這位工程師。這位工程師用手在機器上拍了幾下，就指著一個部位對老闆說，「讓工人把這兒打開就能發現問題了。」

果然如他所料，機器打開後很快就修好了。老闆在向工程師支付報酬時，有些不甘願地說：「你在機器上指了一個地方，就賺了相當於工人半個月的錢。」

工程師微笑著回答道：「我的這個動作確實不值錢，但是我知道在哪兒指就值這些錢。」

上面故事中的工程師正是因為具備淵博的知識，才能夠快速地發現機器的故障所在，從而為自己獲得一筆財富。由此我們可以得出一個結論，那就是知識可以創造財富。

知識是人類對世界萬事萬物不斷認識的產物。哲學家培根曾說：「知識就是力量」，他的名言歷久而彌新，為這個紀元寫下了註腳。21世紀的發展顯然需要大量的知識，也需要大量能用知識創造財富的精英。

知識不僅能夠滿足人們對財富的渴望，還能擴展人們的視野和創意。在工業革命之後，西方出現了大量以知識創造財富的巨擘，創立「諾貝爾獎」的諾貝爾就是其中最典型的代表。透過市場的轉換，知識儼如世界流通的貨幣，更是一種無形的資產，可以隨機變現，並有傲人的投資報酬率。就像時下當紅的生化科技，就有點石成金的致富效果。

當然，知識的魅力不僅來自滿足財富的渴望，更在於它能擴展人們的視野和創意。一般而言，創意也就是點子，當人類在面對一些問題時，運用各種方法去思考，就會產生種種構想，好的構想就會成為創意。如果我們能用新鮮或不同的觀點，去看一些早已習以為常的事物；如果我們能用其他事物來刺激自己，以達到觸類旁通的啟迪效果；如果我們面對某一問題時，能從許多不同的角度去思考；如果我們偶爾也能採取曲折迂迴的手段，不與問題進行正面對決，而是透過從旁繞道來解決問題，我們便可逐漸增加自己創意思考的能力。

既然創意是以非線性方式變動的 21 世紀主要核心能力之一，那麼該如何來激發它呢？消除頭腦的僵化，正是創意的觸媒劑。在日常生活中，下面幾個方法可以幫助我們活化思考能力，隨處都能信手拈來新點子、變化新花樣：

（1）要知道，絕大多數的事物答案並不只有一個。思考時，未必需要邏輯化，更別被視覺所束縛；你應當無視既有規則的存在，更不要害怕犯錯。

（2）每一個人都具有創造力。你可以想一些自認「愚蠢」的事，保持模稜兩可而不妄下結論。切莫認定你所思考的事不是自己的專長。

（3）善於發現問題。如果不能發現問題，你的創造力也就會受到阻礙。

（4）思考時改變原來的觀點，換一個角度來看一看、想一想。

（5）逆向思考，往往會有出其不意的發現。

（6）把你點點滴滴的想法組合起來，變成一條線。

（7）尋求解決方案時，想想別人會怎麼做。

（8）把現有的資訊重新排排看，是否還另有新觀點？

（9）改變一下遊戲規則，往往可以找到思想的新出口。

（10）肯定「想像力比知識更重要」，你可以透過知識計算蘋果裡的種子，但你卻無法算出種子裡的蘋果。

透過上述 10 個方法，可以歸納出創意不外乎好奇心、發問心、假設心、整合心、應用心與精進心。而具有創意的人大多勇於冒險與嘗試，並有幽默感，他們相信只要轉個彎就會有新的想法，而往往這也正是把不幸轉化成幸福快樂的轉換器。

既然知識有著如此重要的作用，我們又該如何增加自身的知識呢？

首先，我們要學會從多渠道獲取知識。處身於十倍速度成長的 21 世紀，掌握 21 世紀的能力變得特別重要。就像春蠶必須吃下大量的桑葉後才會吐絲，人們必須靈活地透過電腦上網，或上圖書館查百科全書、報紙、雜誌，

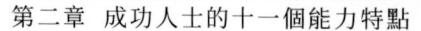

或透過其他的資訊渠道,迅速地吸收所需資訊,進而有效地消化、反芻,才能緊跟時代步伐。

其次,我們要透過不斷的創新來使自己的知識發揮更大的優勢。

蘋果電腦的創辦人賈伯斯是21世紀數位時代的全球風雲人物,他在創新上獨領風騷,以供給創造需求,在他的主導下,蘋果電腦的產品由iMac、iPod、iPhone到iPad……不斷推陳出新,而創新不僅成為蘋果制勝的營銷法寶,也使「蘋果」取代「谷歌」(Google),一躍成為全世界最有價值的商業品牌。

蘋果電腦成功的故事說明了創意思維足以促使整個市場創新。在現今資訊爆炸的社會裡,知識的折舊率愈來愈快。回首20年前,如果享有獨特的知識約可掌握5年的競爭優勢,但到10年前,已由5年縮減至2年,而今,擁有知識的優勢只能維持半年的競爭力。

在世紀交替前,媒體一再引述專家的話,預言21世紀將是一個由知識經濟領銜擔綱的新時代。只是聽之者眾,真正瞭解其中含義的人卻少之又少。

21世紀是屬於知識英雄的世紀。每一個行業都在等待英雄來創造歷史,躍出低谷,因此凡是擁有知識的人也就擁有了更多成功的機會。既然知識是主導事業轉變的成功之母,我希望每一個夥伴都能因為分享知識利益而虎虎生風。

▍好習慣帶來一生好運道

「凡人變英雄」的代表人物之一──亞都麗緻酒店前總裁嚴長壽,雖只有高中學歷,卻因掌握了開啟機會之門的金鑰匙,一路從美國運通旅行社的傳達員躋身職場金字塔的尖端。在自傳《總裁獅子心》一書中,他以自己的奮鬥經驗指出:「將付出、學習和接受批評與建議當作工作習慣」是一個人晉升乃至成功的關鍵。

書中明確提到了好習慣的重要性。「習慣」這兩個字若分開來講,「習」是指學習,「慣」是指慣性。過去的思考與行為模式到底適不適合應用在當

前的形勢下，是非常值得討論的，一般人往往並不自覺而任由慣性牽引著自己走向輪迴的生命旅程。

美國的心理學之父威廉·詹姆斯告訴世人，命運源自慣性。因為，播下一個行動，你將收穫一種習慣；播下一種習慣，你將收穫一種性格；播下一種性格，你將收穫一種命運。每個人的聰明才智其實差不了多少，真正區分不同命運的是你究竟能不能把自己要實現的目標轉化為你的習慣。

習慣的力量的確強大無比，《與成功有約》一書中說，習慣對人類的生活有著非常大的影響。「習慣會在不知不覺中，經年累月影響著我們的品德，暴露出我們的本性，左右著我們的成敗。而習慣的巧妙之處就在於它能使人在一個無心、自動的情況下行動。」因此，「我們應該盡可能地將有用的行動自動化、習慣化，而且越早越好、越多越好」。

所謂「有用的行動」，指的是那些能帶來成功的習慣。即使它們看起來有些微不足道，但我們若能持之以恆，這些好習慣便會成為幫助我們獲得成功的推手。

只要加上「持續的力量」，小習慣亦終能成就大事。美國總統柯林頓在就讀大學時，養成了整理人物筆記的習慣。這個習慣讓他能更快記住對方姓名以及身家背景，順利累積人脈存摺。振興醫院醫學中心主任魏崢行醫三十九年來，養成了每個月記錄手術心得的習慣。他在生活中隨時記錄下能讓手術開刀更快、更好的小技巧，幾年前，他所領導的心臟移植小組在健保局公布的心臟移植存活率的案例統計中，取得了第一的好成績，憑藉的也就是這種任何事都可能被改進，即使是最微小的改變亦能使手術更成功的心態與習慣。

持之以恆的力量看似簡單，卻充滿了無限的可能性。曾經有人以骨牌遊戲來證明持之以恆的力量，以每一張骨牌按自身體積的一倍半依次遞增。在這個實驗的遊戲中，每一張骨牌都能推倒重量是它自身一倍半的下一張骨牌。經過計算，第一張骨牌倒下去的推力與第13張骨牌倒下的推力，其間的差距竟有20多億倍。依此類推，第32張骨牌的推力是第13骨牌推力的20多

萬億倍。這也說明了剛開始的一股微不足道的力量，只要持之以恆最終可以產生出不可思議的爆發力。

要養成一個好習慣其實並沒有想像中困難。研究指出，建立一個新習慣，依難易不同，需要18到254天的時間，但平均只要66天就能成功培養出一個新習慣。做事時多加一個步驟，或者是每一天多花一點時間，微不足道的小習慣就可能成為幫助我們成功的關鍵。成功究竟有沒有捷徑呢？

這個問題似乎從來不乏好奇者。就像古老的神話中曾經揭示過點石成金的本領，千百年來不知道有多少人幻想過自己幸運地有此異能。其實說穿了，點石成金的祕方就在我們的生活裡，在於你將勤奮工作化為習慣。

其中，基礎部分具有成敗攸關的重要地位，就跟蓋臺北101這棟超級摩天大樓或者練就一身好功夫的道理一樣，若是地基底盤不夠穩固，是無法承受上層的巨大壓力的。如果企業一開始就透徹理解誠信、務實的經營理念，並且能夠堅持地貫徹下去，使之成為習慣，這種好的開端就會迅速使企業走上成功之路。

「業精於勤，荒於嬉」。善用習慣的能量固然可以建造出萬丈高樓的人生境界，但若失之驕逸，丟掉了從基層出發時的寶貴習慣，眼看他平地起高樓，亦可能見到高樓的倒塌。

好習慣的功效正如同成功的特效藥。舉例來說，香港首富李嘉誠小時候在茶樓當跑堂夥計時就習慣把鬧鐘調快8分鐘，這是為了讓自己提前做好準備。經過多年的努力，他終於成為香港首富。即使到現在，84歲高齡的李嘉誠仍然維持著把錶調快8分鐘的習慣。提早8分鐘，讓他可以做得比別人快、比別人好。

相較於李嘉誠的凡事提早8分鐘，「拖延」正是現代人普遍的慢性病。拖延到底會誤了什麼大事呢？如果我們不善於利用黃金時間處理重要、棘手的事，就會導致一連串的災難。例如目前最熱門的話題：歐債危機。主事者雖然並沒有視而不見，但是懷著僥倖的心理，還在期待傳統經驗中的寬鬆貨幣政策可以讓問題自然消失。而這樣的後果可能是金融風暴再度席捲而來。

對付拖延最好的方式就是及早養成好習慣。從時間管理來看，你要選擇駕馭時間，還是被時間綁架呢？從健康管理來說，你是選擇多一點運動、多流一點汗，還是願意承受接到體檢報告時的無力回天的感覺呢？唯有在時間、健康、財富、人脈等需求中做好管理，才不會讓你陷入亮起紅燈的險境。

培養幾項成功的好習慣會是成本效益最大的投入。上天對每一個人都開放了許多能夠讓他們命運翻轉的機會，但最後結果如何，就要看你是否準備好、是否做對事、是否形成了好習慣。所謂準備好，包括準備內心的修養與外在的能力，只有兩者兼具才能更有效地做對事，也才能把機會變成成功的果實。

希望大家都能無畏於改變過去的老樣子，養成有利於成功的習慣。

經營友誼，能使泥土變黃金

曾經流行一時的歌曲《友情》，每次唱來總是令我的心弦深受震撼。它的歌詞是這樣的：

友情、友情，人人都需要友情；

不能孤獨，走上人生旅程。

要珍惜友情可貴，逝去的友情難追；

誠懇、相互勉勵，閃耀著友情的光輝，永遠、永遠讓那友情，溫暖你心扉。

友誼和其他的人際關係（夫妻關係、親子關係等）一樣，是需要我們用心經營的，尤其是你特別重視的友誼，若不經常灌溉、耕耘彼此友誼的心田，則容易使友誼之花枯萎與凋謝。

友誼似玻璃，是敏感易碎的。那麼，我們究竟該如何經營友誼呢？

首先，要彼此敞開心扉。我們都經歷過友誼的「蜜月期」，那種與好友之間惺惺相惜、相識恨晚的感覺，和在茫茫大海中望見燈塔綻放的光明一樣，令人心神振奮。然而，「蜜月期」總有事過境遷的一天，導致境遷的因素往往就是彼此之間缺乏充分的瞭解與信任。我們唯有先對方一步敞開自己的心

胸，主動向對方表達自己的理念和價值觀，才能更好地維護人與人之間脆弱的互信關係。

其次，「說好話」相互勉勵。誠如《友情》這首歌裡所提及的，除了態度誠懇，良好而持久的友誼也不能缺乏「共勉」的營養。事實上，所謂的酒肉朋友和「友直、友諒、友多聞」的益友，最大的區別正在於，彼此之間能否相互提攜，讓人生的境界更上層樓。

話語能夠反映一個人的思想與態度，是人際溝通的主要工具。會運用這項工具的人，不僅能夠正面地表達自己，同時也會不斷地激勵他人。恰到好處的言談必然有錦上添花的功效，因此，說話是一門可以磨練與提升人的藝術，其中的技巧，遠非文字所能形容。

那我們怎麼樣說話才算說得最得體、最有效呢？根據我多年經驗的歸納，要達到臻於化境的地步，仍有一定的規則可供依循：

少說抱怨的話，多說寬容的話；

抱怨帶來記恨，寬容乃是智慧。

少說譏諷的話，多說尊重的話；

譏諷顯得輕視，尊重增加瞭解。

少說拒絕的話，多說關懷的話；

拒絕形成對立，關懷獲得友誼。

少說命令的話，多說商量的話；

命令只是接受，商量才是領導。

少說批評的話，多說鼓勵的話。

這最後一句「少批評、多鼓勵」，可以說為「好話」做了最佳註腳。例如在日常生活中，如果你經常跟家人、朋友或工作夥伴說：「做得好！」「了不起！」「好主意！」「你走對了！」「進步很快！」「很不錯噢！」「這正適合你！」「我真以你為榮！」「實在是太好了！」「進行得很順利嘛！」

「你每天都有進步喔!」「沒有人是十全十美的。」「那真是一件令人愉快的事啊!」「現在你可以一路順風了!」……相不相信,對方一定會因為自信心越來越強而笑口常開,事情也會因此而變得無往而不利。更重要的,你的口出善言、舌燦蓮花,會贏得最可貴的人間情誼,別人將視你為知己,當你需要幫助時,援手必來自四面八方。

最後,「做好事」扶植親友。如何做才算做好事呢?關於這一點,要訣可謂盡在我們的「六大信條」裡。例如第一條說,扶助值得幫助的親朋,您就會有福氣;第二條,敬愛家人朋友,也必得人尊重;第三條,把喜悅與人(朋友)分享,喜悅也必會更加豐盛;第四條,愛自己的事業,誠實對人(朋友),必得成功。「六大信條」的精神不外乎:無私無我的服務、幫助與分享和回饋。二十多年前,這些文字代表的是我們的經營理念;二十多年後的今天,已有無數夥伴透過切實遵行「六大信條」的方向,贏得了尊敬與成功,可見奉行此信條的人,也就是做對事的人。其中要訣,則是只要求自己,不要太在乎立即的效果與反應,因為日久見人心。當你持之以恆地服務與奉獻時,當你豁然大度地願意和別人共享美果時,種瓜得瓜的善因就已深植下了。你因此會獲得善意的回報,這根本就是宇宙運行的自然法則。

在我的創業過程中,我既沒有顯赫的家世背景,也缺乏傲人的財務支援。今天,我們的事業之所以能蒸蒸日上,絕大部分的資產來自於人際網絡。換句話說,是友誼使我們的事業得以萌芽,是友誼使我們的事業得以壯大,更是友誼使我們能不斷成功地傳遞「克緹三寶」——健康、美麗與財富。

眾多成功的事業中,俯拾皆是「夫妻同心,泥土變黃金」的實例,但我相信,可以繼續開發與探索的,還有好朋友之間的相互合作與經營。如果你願意以開放的態度認識新朋友,並事事講求分享,不吝鼓勵和讚美,相信朋友之間「同心」一樣可以使泥土變成黃金。

第三章 贏得成功人生的六種心態

第三章 贏得成功人生的六種心態

人生如戲，被你輕視和忽略的，終會成為橫亙在你面前的鴻溝。

花香，常在夜色中；奮進，常在孤寂裡；成敗，常在一念間。

擁有什麼樣的心態，你就會收穫一種什麼樣的人生。你微笑地面對生活，那麼你的人生也是微笑著的。唯有保持良好的心態才能將不利的因素轉化為成功的因子。

你若盛開，清風自來，把握好心態，用良好積極的心態迎接多姿多彩的未來，成功指日可待。

一念之間，成敗懸隔

窮、富之間，究竟有著什麼樣的觀念鴻溝？下面的內容為你提供了一目瞭然的對比。

窮爸爸說，貪財乃萬惡之源。

富爸爸則說，貧困才是萬惡之本。

窮爸爸說，努力學習就能去好公司工作。

富爸爸則說，努力學習就能發現，自己將有能力收購好公司。

窮爸爸說，我不富有，是因為我有孩子。

富爸爸則說，我必須富有，因為我有孩子。

窮爸爸說，賺錢的時候要小心，別去冒險。

富爸爸則說，要學會風險管理。

窮爸爸說，我可付不起。

富爸爸則問，我怎樣才能付得起呢？

窮爸爸說，我家的房子是我們最大的投資和資產。

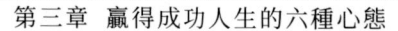

富爸爸則說，我們家的房子是負債，如果你的房子是你最大的投資，你就有麻煩了！

暢銷好書《富爸爸，窮爸爸》，透過導致貧富不同結果的觀念對比，讓人反躬自省，進而換一種思考模式，調整一下價值觀點以改變自己甚或是整個家族世代的命運。

作者的窮爸爸聰明絕頂，受過良好的教育並擁有博士光環；富爸爸則連國中二年級都沒能念完。二人對於理財的觀念與態度大相逕庭，最後的人生結果也就有了天壤之別。學歷佳的窮爸爸始終在個人財務問題的泥沼裡掙扎；沒有讀什麼書的富爸爸則成為夏威夷最富有的人之一。

二者差異懸殊的根本原因在於對待財富的觀念，不同的思維模式造成了貧窮和富有的人生差異。窮人與富翁的人生方程式的確是天地懸隔。年輕時，能力與情況差不多的兩個人，一個人習慣不斷地限制、放棄，終於窮途末路，另一個人因為不斷地啟動大腦，鍛鍊出「事在人為」的思維，腦袋愈靈活，所賺的金錢也愈來愈多。

這是真實的人生故事，你很可能就是下一則故事的主角。我期望你能實踐積極進取的觀念，扮演的是那位懂得創造財富的富爸爸，而不是墨守成規、畫地為牢的窮爸爸。

事實上，在任何一個成功者的眼裡，輕易就說出「我負擔不起」「我辦不到」「我不可能」……這類自我貶抑的話語是一種精神上的懶惰。成功的人永遠都在尋找可能性，尋找打通難關的訣竅。一旦遇到有關金錢的問題，富者總會去想辦法解決，窮者則習慣於順其自然，因此減少了經常性的動腦機會。

其實，命由我不由天，我們每一個人都有平等的成功機會，關鍵在於你是否具有積極而正向的思考與態度。那些極富智慧的人早已參透了命運的真諦，掌握了成功的「心法」，因此他們無論做什麼，成功都會和他如影隨形。

和我們的事業同質性甚高的日本營銷天王中島薰，就是一個善用「心法」來成功致富的具體實例。所謂的「心法」指的正是思考的方向與態度；如果

你能轉負面的心念為正面的取向,那麼,貧窮與富裕並非天差地遠,其實只在一念之間。

中島薰所指的富裕之士並非只是物質上富有的富翁,同時也是精神上十分富裕的富翁。他識人無數,根據歸納眾人經驗所得出的法則寫下了「賺錢五句箴言」:

(1) 心中務必忘卻金錢。

(2) 時常對花錢購買您商品與服務的顧客心存感謝。

(3) 想像自己埋身於工作的認真樣貌。

(4) 時時不忘對職場上常使用的器具,如電腦、電話、手機、電話簿、傳真機、名片、文具、錢包等說聲「謝謝!」

(5) 對父母及職場上照顧自己的上司與同僚,時時心存感激。

中島薰的致富心法和我所揭示的「六大信條」十分神似。他強調感恩之心招來財運、感恩之心使幸福倍增、助人之心帶來福報⋯⋯要我們從富翁身上學到金錢以外的大道理;簡單地說,就是賺錢的 EQ(情緒商數)。如果你立志「奮發向錢」卻沒有圓滿的招財心態,那麼,你便不可能得到財富,只有徹底地轉換觀念,並切實地改變行為才能達成心願。

轉換觀念、改變行為的關鍵在於內心的自省。孔子說:「見賢思齊焉,見不賢而內自省也。」曾子亦說:「吾日三省吾身。」即要求我們經常反思自己,並從反思中獲取前進的力量。

懂得自省的人才能跟得上時代的步伐。在當今科技迅猛發展的年代裡,沒有人能保證永遠不犯錯。因此,實時的自省和檢討,就是糾正錯誤和實現轉型的不二法門。面對激烈的競爭、面對瞬息萬變的市場環境,一個人如果不能及時察覺自身缺點,不能用最快的速度糾正自己的思考方向,必將面臨衰敗或慘遭淘汰的無情結局。

換句話說,貧者之所以為貧,富者之所以為富,並非出於命運之神的操弄,其中道理在於兩者想法上的差異。

中島薰認為，人生在世沒有人能與金錢撇清關係，應該及早釐清自己對金錢的觀念，否則不易成功、致富。金錢是使自己幸福、快樂的工具之一，雖然不是萬能，但沒有錢卻萬萬不能。

　　如果自己經常缺錢，只有知道自己經濟拮据的真正原因，然後人生才可能有所改變。也就是說，改變是跨出富裕人生重要的第一步。

　　改變的內涵不外兩種。一是改變外在的環境，一是改變自身的做法。中島薰的成功法則是「做不一樣的事，或是以不同的方法做事」。你不妨從改變日常生活的習慣著手開始嘗試新事物。如果你能夠不再拘泥於過往的思考模式以及行為框架，或許你就會和中島薰一樣，欣然地發現人生處處是轉機，人生遍地是黃金。

　　事實上，貧者和富者的原始差異就在於思考模式。換句話說，一旦貧者能夠做不一樣的事，或是以不同的方法做事，他就有了逆轉的機會。

　　轉念的力量足以改變命運，相信各行各業的成功人士對此都有所體會。就克緹事業來說，當市場的銷售渠道愈來愈多元化，當科技的新技術愈來愈變化多端，傳統的銷售方法勢必面臨轉型的挑戰。在這個決戰勝負的關鍵時刻，你是否能用轉念的力量跳出以往慣性的窠臼，開展出前途的新格局呢？我想，中島薰所說的「願意嘗試新事物」，應該是試金石。

　　在這個屬於知識經濟的新時代，尤其是一向以士大夫觀念建立社會秩序的華人世界，窮爸爸與富爸爸的故事的確饒富深意。

　　或許你從小養成了比較容易自我放棄的消極觀念，不過，在克緹事業，你只要全心投入，認真學習，絕對有機會解開老祖宗世代相傳的魔咒，進而養成成功者——富爸爸的思考習慣。過去我們習慣面對面的推薦與銷售，這種方式頗富人情味但耗時、費力。在網絡四通八達的現代社會，即使足不出戶亦可傳遍天下，但前提是你要深諳個中技巧。面對這樣的形勢，謙卑學習是成功唯一的捷徑。

　　一念之差確實可以使窮富天地懸隔。一旦造就了成功、富有的思維，你的家族也就遺傳了成功、富有的基因。或許你早已是業內的老驥，如果你能

在轉念之間把自己當做求知若渴的新人，不斷學習新知、超越自我，你的命運必然充滿光明。

人生需要逆境的淬鍊

在 200 多年前的大西洋彼岸誕生了一位世界偉人，他用最簡單的堅持、最大膽的探索改變了世界的面貌。這位世界偉人就是解放黑奴的美國總統林肯。

美國的《新聞週刊》將他描述為「叛逆巨人」。在後海嘯時代，我們究竟可以從巨人身上發現些什麼？事實上，他的生命正是一個關於自我錘鍊、自我探索以及自我實踐的旅程。《未來在等待的人才》一書的作者品克便說：「現代年輕人最應培養的特質，一是單純為做一件事而非得到外在獎賞才迸發的內在動機；二是堅持到底的毅力。」

站在巨人的肩膀上，我們的確可以看到林肯在逆境中如何堅守理想，追求心之所屬。英國《泰晤士報》曾經刊登美國歷任「最偉大的總統」排行榜，林肯排名第一，比美國國父華盛頓的聲望還高。然而回顧林肯的經歷，他一生屢敗屢戰。7 歲時全家被地主掃地出門，9 歲喪母，26 歲伴侶死亡，他幾乎發瘋。他兩度經商都失敗了，24 歲的破產甚至讓他負債 16 年。他想要從政，但數度競選參議員失敗。共和黨成立之初，他毛遂自薦，要代表黨參選副總統，但黨員投票結果他只獲得 110 張選票，不到對手票數的一半。儘管屢戰屢敗，但他總是「知其不可為而為之」，一貫地堅持初衷。林肯的不凡也正在於此，正是逆境中的堅持成就了這位「最偉大的總統」。

林肯的經歷告訴人們，淬鍊後的人生更燦爛。2008 年以來，全世界籠罩在由美國肇端的金融海嘯餘波中，大多數人都感覺到以往的價值觀頓失所依，悲觀氣息瀰漫。此情此景，恰如林肯所經歷的那個時代。

在物質享受豐裕、科技文明一日千里的 21 世紀，古代打造刀劍所需的「淬礪」術——先把刀劍燒紅後浸入水中，使其具有一定的硬度和彈性，可能早已乏人問津。社會上普遍存在的是軟弱易碎的「草莓族」或「水蜜桃族」，

他們的生命未經淬鍊，無論生活中的任何一種要素發生變化——工作、學業、感情、經濟……他們就動輒以求死相向，難能可貴的生命往往未見燦爛光華，就像一顆劃過天際的流星一般，黯然隕落了。

一個經常考第一名的人，如果不在生命早期就有過挫折與失敗的經驗，很可能缺乏韌性，終而應驗了「小時了了，大未必佳」的經驗法則。這景象不僅出現在臺灣，甚至在地球村的各個角落都有跡可循。社會學家開始探索現代人難以應對的「逆境」究竟有無解藥，結果發現，透過淬鍊造就的生命硬度和彈性，在這個快速變遷的高科技時代尤其不可或缺。

因為，我們的上一代雖然過著窮困的物質生活，但生命的節奏卻是有規律而緩慢變化的。活在當前，外在的改變太過快速，即使個人並不想變動，也會被外在環境的迅速變遷逼迫作出改變。而現代的企業經營已經不再能自己埋起頭來做事。不爭的事實是，消費者在改變，競爭者在改變，科技的迅速突破也天天改變著遊戲規則，處在這樣快速變化的時空，現代人的人生已經多變到跟時時需要應變的企業別無二致。

沒有人知道明天會變成什麼樣子，危機總在意料之外，為什麼人生總有這麼多變與不可意料的危機呢？美國暢銷書《逆境的祝福》的作者安吉麗思說，危機的背後總有上天的禮物！面對變動與難測，企業需要應變，人生也需要應變；如果你學會做「新塞翁」，逆境就可以是人生的祝福。

過去，塞翁失馬，焉知非福；現在，塞翁失馬，必有祝福。條件是你必須讓自己的心透過淬鍊，變得像原野、海洋、天空一樣開闊，能夠容納得下無限的可能性，也能享受生命來去的自由。

不可否認的是每個人都有好逸性——喜好順利，厭惡違逆，對於自己能力之所及和預期中的事欣然接受，對於逆境則不滿、排斥和反抗，甚至要求外境順乎自己。然而，久而久之，人的抗壓性就會減低，即使是一點點的風吹草動也有地震與颶風來襲的不安感受。

順利透過逆境考驗的人一定都能體會到，生命像一股激流，沒有岩石與暗礁便激不起美麗的浪花。生命中所有的事情不論如何發生與開展，最後都

是由自己的心態決定結局的好或壞。外界可以給我們坎坷的環境，卻沒有辦法給我們一顆對抗挫敗的心；同樣地，外界可以為我們提供最佳的生活條件，卻沒有辦法保證給我們一個成功的人生。

換句話說，外在的遭遇並不能定義你的人生，真正左右你命運的關鍵在於你願不願意坦然接受生命的淬鍊，讓自己沉澱下來，去蕪存菁，不斷檢討、不斷學習、不斷提升。

為什麼沒有失敗經驗的人往往成就不了大器呢？簡而言之，因為他沒有沉澱與淬鍊的機會，沒有生命中必須具備的深度、廣度等營養要素。

事實上，企業的生命和人類別無二致。一個不夠豐厚的生命，無論是人或者企業都會有半途夭折的致命危機。

這個世界看似處於和平狀態，沒有連天烽火，也不見屍橫遍野。殊不知商場亦如同戰場，縱使表面的戰爭一時隱匿，在高度科技化與貿易化的21世紀，激烈的商業戰爭可以說是無時稍歇。

而關於戰爭的不變鐵律，則是有對立就有傷亡，有拚鬥就有成敗；因此，成者為王、敗者為寇的角色扮演幾乎是每一個現代國家與企業都無法豁免的命運戲碼。

管理大師終日思考的，其實就在企業的「成」「敗」二字之間。而此起彼落的管理理論不斷推陳出新，意味著勝、敗乃商場兵家常事，沒有一個策略能恆久保障任何一個企業，在瞬息萬變的市場行情中永遠屹立不倒。

換句話說，就經營企業的心態而言，平常心非常重要。這裡所謂的「平常心」也就是看清楚勝敗在企業永續經營的過程中所具有的特殊意義，以至於勝不驕、敗不餒，讓每一次的失敗都能成為「成功之母」。

因此，智者看重失敗會跟對待成功一般地小心翼翼。失敗就像是長途旅行中的休息站，如果不懂得利用這個機會重新整裝，檢討策略、擬定目標，又如何能隨機應對不斷變化的外在環境呢？而失敗所能提供的最佳教訓，是讓我們隨時都保持一顆謙遜的心，不踏進自滿的陷阱。這種勇於面對、勤於學習的心態，往往就是迎向成功的不二法門。

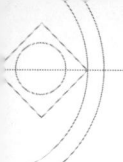

中國禪宗的高僧，總是提醒容易在逆境中迷失自己的凡夫俗子要「借境練心」，我也想用這四個字勉勵所有的朋友們。這是一個變動快速的時代，只要做好坦然接受淬鍊的心理準備，虛心檢討、扎實學習、不畏蛻變，一旦通過考驗，你就會脫胎換骨，展現生命最燦爛的光華。

這個道理對於身經百戰、驍勇無比的營銷人才來說，或許不是那麼耳熟能詳，但我希望偶爾因氣候不佳而碰到泥濘的時候，我們都能舒緩腳步、重新布局，勇敢迎接逆境的淬鍊。

▌笑對挫折，再創事業高峰

全球第二大消費性電子製造商索尼企業（Sony），素來便是「日本精神」的同義詞。不幸的是，自 2003 年第一季起，索尼公布財務報表出現十年來的首度虧損，便經歷了諸事不吉的三年霉運。直到 2006 年初，索尼猛然宣布獲利，還修正年度財務手冊，從原本預料的虧損 8600 萬美元大幅調升到獲利 6 億美元。好事成雙還不夠，上一季索尼的淨利高達 14.6 億美元，創下史上單季的最高紀錄，是分析師原本預估的二倍以上，儼然是三喜臨門。

消息公布後，索尼的股價在日本以及紐約的股市同時大漲 10% 以上，更鼓舞了大批日本投資人，帶動日本股市直飆五年來最高峰。「索尼終於復甦！」《華爾街日報》向世人宣告。回顧 2004 年，索尼營業額創下歷史新低，賺的錢甚至不到 1998 年的 1/4；而 2005 年時，索尼還慘遭美國《彭博商業雜誌》評價為「品牌價值下降最多的公司」，甚至落後於打著「超越索尼」口號的韓國三星。

這是一個企業反敗為勝的真實案例，象徵著企業及人生的確可以在撥雲見日後，開創出柳暗花明又一村的亮麗前景。索尼之所以能夠逆轉局勢，主要靠的就是占總營業額 20% 的索尼主力──電視。2005 年秋天，索尼推出液晶電視 Brava，並透過打平價策略搶攻全球市場，讓索尼平面電視業務銷售額暴增 16%，全球捷報連連。

誠如暢銷書《活在當下》的作者安吉麗思所說，「逆境讓你看清楚自己」。在漫長的人生戰鬥中，每個人都和索尼企業一樣，必須不斷地面對改變，面對他人的看法與評價，以及無數次的失望或不願接受的結束⋯⋯不過最重要的是你是否能安然走出困境，讓人生峰迴路轉，柳暗花明後再現生機。

在 2007～2009 年的全球金融危機中，許多國家和企業都在驚濤駭浪中面臨著生死攸關的考驗。在此之前，人們雖曾見證過天災引起的天崩地裂，但很難想像國家也可能瀕臨破產，享譽國際的百年大企業在旦夕間即因決策失當搖搖欲墜，而許許多多無辜的工薪階層便在景氣突然反轉的陰霾中，成為仰望不到自己未來的失業族群。克緹能在嚴酷的環境考驗中不斷展現企業生命的韌性，實在是值得感恩的。

自全豐盛信義 105 大樓竣工後，克緹集團的總部已正式進駐。宏偉大氣的建築風格象徵著克緹將以穩健踏實的作風，再度振翅高飛。締造佳績的「克麗緹娜」，也已經衣錦還鄉，榮歸故里，在臺灣的股票市場掛牌上市。

強森博士是全球知名的一位暢銷書作家，他近期出版了《巔峰與谷底》一書。強森博士表示，自己在年輕時也經歷過許多挫敗，而正是這些人生低谷讓他體會到，年輕人最需要學習的，就是面對現實的能力。

書中說到，「人生本來就會起起伏伏，當你在成功或以為自己很成功時，也許幾分鐘或幾個月之後，又會覺得自己陷入低潮。如果你認為成功都是因為自己好，便開始驕傲，這時就會開始從頂峰走下坡路。很多優秀的大企業家成功之後逐漸下墜，就是因為他們驕傲自滿，忘了成功的根本。對於我們每個人來說何嘗不是如此，最重要的是在身處順境時，如何讓順境能更持久一點；而當我們處在逆境時，又該如何儘量縮短時間。關鍵就是要面對現實，和現實為友。

不斷刷新演唱會票房紀錄、享有「天團」美譽的搖滾樂團五月天，唱的盡是愛、夢想與勇氣，但正是因為他們走過自我懷疑、創作瓶頸的低谷，才更清楚地知道，成功是由失敗累積出來的。

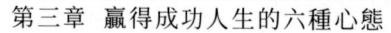

十年七張專輯近百首歌曲,「其實對我們來說,創作上百分之九十九都是瓶頸,因為創作是你盡了一百分努力,最後才會有一分成果」,主唱阿信說。他寫歌詞,寫一百句大約只能用一句,「所以每完成一句歌詞,我就要面對九十九句的失敗」。雖然他寫四百句歌詞,最後只能得到四句,但這四句卻足以燃燒無數年輕的心。

阿信相信,人的一生若能跟自己的失敗相處,就算天分不足,靈感不夠,但誰能跟自己的這些失敗相處得最好,誰就愈能坦然面對自己,並能在成功後不會患得患失地繼續走下去。

選擇把逆境和挫折當成禮物的人,往往會是生命的贏家。因為這樣的人學會了接受,接受自己現在的人生,並且心懷感激。只要去探究社會上知名人物的人生歷程我們就會發現,在外人眼中「成功事業」的背後,他們也曾經掙扎、迷惘,有過遺憾和挫敗,但究竟是什麼樣的力量陪伴他們走過生命的低谷呢?

在這個不斷變動的年代,不少人常常是這一分鐘還在頂峰,下一分鐘就跌到谷底,你不知道明天到底是起還是落。但重要的是,不管你現在是在巔峰還是谷底都能平靜、快樂,不隨著發生在身邊的每件事震盪起伏,能夠從挫折與不確定中汲取教訓。一個願意跟逆境學習的人必能創造出下一個順境。以開創事業為例,年輕時創業不順的人可能還無法清楚認知到,事業就像人生一樣會起起伏伏,失敗在所難免,重要的是能夠切實反省自己的過失,誠心改過,不斷學習;假以時日,自然就能再創高峰。

歸零與學習

2012 年 6 月中,我在《商業周刊》上認識了一位 74 歲的日本婦女,她的傳奇故事讓我一路讀來既震撼又感動,我當下就決定,一定要把她引介給海峽兩岸的夥伴們。

她叫柴田和子，早在她50歲那年，她的名字就因入選金氏世界紀錄而留駐青史。隔兩年，因為她的成績已「敵無可敵」，公司頒獎給她「永世王座」，意思是「你已經是永遠的第一名，不用再跟別人比較了！」

這個身高153公分，體重73公斤，臉上堆滿贅肉的婦女，被人形容為「其貌不揚的胖女人」。就外形而言，柴田和子實在是一點兒優勢也沒有，不過，她卻做出了一番驚天動地的事業。她從事保險工作，一生經營3萬個客戶，連續30年拿下日本業界第一名，締造了每年100億日元的業績傳奇，並兩度名列金氏世界紀錄。

柴田說：「人們都會尊重重要的人，而要在人前顯貴，必得人後流淚。」能說出這番體驗的人，必有能讓自己成功的獨門祕笈。柴田給人的驚嘆最突出的就是膽識和學習。

柴田9歲時，罹癌的父親病逝，留下大筆債務，她與母親、兄妹相依為命。為了養活他們，母親總得背著貨物走上二三里路到鎮上做叫賣的生意，從清晨3點起來，直到晚上8點才能回家。母親最大的心願就是看到兒女們拿下第一名。因此，為了讓母親抬得起頭來，「無論如何一定要第一名」成為她拚搏的動力。於是，在學校她靠腦力、體力；入社會她憑著一身膽識，最終獲得了成功。

就柴田而言，對貧窮的恐懼有多巨大，想成功的慾望就有多強烈。兒時的一無所有，反而激發了她日後的一無所懼。在她眼中，任何事只要「沒有絕對禁止，就意味著可能」，女人形象、階級鴻溝……從來不是問題。這股精神讓她一步步打破社會框架，往金字塔頂端邁進。

採訪她的記者分析：「世界上最有力量的人其實並不是有錢人，也不是有勢者，而是一無所懼的勇者。這種人通常成長於貧困的環境。他們比常人有更熱切的渴望，因而生出不怕失敗的膽量，再由膽養勢，以勢生膽，膽識既成，就有勇有謀，自信也就源源不絕，成為人生最大的資產。這個資產的爆發力、持續力、槓桿力是所有資產之最，它能無中生有，由有限變無限。凡要突破人生苦難的人，大概都可以從柴田身上學習到這種可貴的精神。」

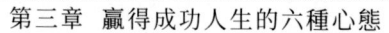

在柴田眼中，凡事不做則已，一旦決定投入，就要一鳴驚人。她只往前看，對於成規舊法，她視如糞土，「不做白工是我的一貫原則，」柴田直言，「我很早以前就是一個掌握要領、刁鑽狡猾、工作有效率的人。」

她初入行時，上司要她列出 300 個人名進行陌生拜訪。她認為「這樣做是浪費時間」，於是改打電話給老同事請他們轉介客戶，結果 300 個人中，有 187 個人簽下保單。活用舊人脈讓她的保單比其他人高出 3 倍，收入急速上升。

如果說初入行時，柴田是依靠膽識和舊關係這些「靠老天賞飯」的便宜招數取得的成績的話，那麼她以後的進階之路依靠的則是強大的學習力。可貴的是柴田始終注重知識的重要。同樣是全力以赴的行動，但有知識來做後盾，成果會大得多。

因為她的野心夠大，眼光也就絕不短淺。入行第二年，她在兩個稚齡女兒的環繞中，堅持到大學進修財務金融課程，並準備考專業證照。這類考試非常難，有人上了八年、十年，還有更多人半途而廢……雖然她白天上班、晚上上學，以至勞累到竟在課堂上打瞌睡，但仍堅持下去。柴田只用了兩年，就拿到保險界最高執照。這一步也為她獲得銷售王座打下了最堅實的基礎。

而直到今日，成功的柴田都還沒有對自己的工作和學習萌生絲毫倦意。她沒有抓著過去的榮譽不放，反倒比一般人更懂得隨時歸零，一發現大環境不對，她會立刻改變策略。她說：「躺在過去的光榮簿上睡大覺，遲早會被淘汰。」就這樣，這個 74 歲的婦女至今仍穿著亮麗的洋裝，在逆風中不懈奮鬥。

2004 年，我接到一份意外的賀禮──集團董事黃天中博士率領所有董事，為我打造了一個「通路大師」的金質獎座。接下這份象徵肯定與信賴禮物的同時，我愈發感覺到責任重大，面對成績和榮譽，我愈加感受到自己知識的匱乏，學習的驅動力愈加強烈。

當代倡導「學習型組織」的管理大師彼得·聖吉，曾經親至臺北發表新作《第五項修煉》。他強調，「真正的學習是被理想和熱情所驅動的」。大師的話語代表著我和我們這一類人的心聲。

歸零，然後不斷地學習成長，才能啟動每一個人生的新局，讓大家瀟灑地放棄過去種種的不合時宜，回歸到原本最純淨的自己，一切重新開始。

人是慣性的動物，當年復一年年齡累增，大多數人都會背負著重重的舊習，以致遮障了清明的心眼與視野，根本無法跳脫過往的因循，更遑論開創新局。要除舊與布新，唯有建立歸零和學習的心態方有可為。

歸零並不斷學習，在資訊科技突飛猛進的現今社會，尤其有其必要性與時代意義。舉例來說，手機的使用已極為普遍，人們隨時隨地可以利用手機、簡訊或是留言把訊息快速而準確地傳遞出去，手機還可用來辨識身分、結算帳單，這個便捷的工具改變了人類之間的互動關係、社會文化以及生活習慣，成為我們生活的遙控器。凡是無法善用這項工具的人，便會逐漸被揚棄在職場的角落，成為文明社會中的「山頂洞人」。

除了手機之外，網路則是新時代的另一個重大變革。透過網路，一切的資訊在彈指之間就可以傳到另一個世界。而網路所產生的虛擬世界似真似幻，人們長期僅透過電腦發聲，可能會逐漸淡忘了說話人的面容，和對所說之話需肩負的責任⋯⋯

凡此種種，和上一個世紀的生活形態與人際關係都大異其趣，你我怎可不知、不明呢？事實上，不管你是否知曉，電腦的威力早已無所不在，包括隱藏在車子裡的微電腦系統、暗藏在隱蔽處的超速照相機，都在靜靜地改變人們的生活和習慣，形成新的邏輯和模式。

人類的生活正在改變，改變的速度超乎想像。資訊科技所帶來的，有正面的助益，也有負面的影響，還有一大塊的未知數。如果不能認知終身學習的重要，在人生的各個面向上，恐怕都會面臨不可避免的困境。處在現今的高科技時代的我們，無論誰也無法逃離這個改變的潮流，誰能順著趨勢乘風破浪，誰就是新時代的主導者。

第三章 贏得成功人生的六種心態

　　在任何一個行業，每一位從業者都沒有說「寂寞」的權利。在工作中，都需要持續性修煉，除了專業知識之外，還要有一種隨時能夠保持正向思考的心態。我們每天的工作並不可能都很順利，挫折、失敗在所難免。不過，如果能夠往好處想、往益處看，積極地面對問題、解決困難，將會產生驚人的力量。我們的事業需要群策群力才能達成的登峰目標，又豈是一個「大師」所能隻手承擔的？我們需要的是一個學習型組織。

　　一個學習型的組織不僅要獲取專業知識，更要轉化知識而產生改變。也就是說，學習的成果必須變成行為。此外，學習型組織講求持續的學習、轉化與改變，是一種漸次演進的過程而不是終結的狀態。就個人而言，名實相符的「學習者」是肯承認自己能力不足、還有成長空間的人，是願意接受新事物願意嘗試錯誤的人。

　　日本的品管大師戴明有一句名言：「我只是一個人，我所做的就是盡我的全力。」乍讀此話，似乎說得非常卑微，但仔細思考，如果每一個人都能盡全力而為，所產生的力量將是不可思議的。

　　在這個充分講求合作的知識經濟時代，我們這個營銷網絡的確令人矚目。尤其是我們在低迷逆勢中仍創成長新猷，團隊力與產品力可謂相輔相成，如虎添翼。而變化多端的營銷市場的確充滿了「專業」的挑戰：產品的專業、管理的專業、服務的專業，甚而是經營的專業。

　　我相信，準備好迎接挑戰的人們，並非已是十八般武藝樣樣精通，而是具備了一種學習的文化、學習的心態，讓我們每一位成員都能找到不同階段的學習平臺，因不斷地學習而更上一層樓，始終保持財富的正向循環。

　　以我們這個團隊為例，在每一位夥伴都盡力而為的情況下，我們擁有的便不只是一位「通路大師」，我們的團隊勢必會成為無所不通的「通路王國」。而通路王國一定來自於「學習型組織」。因為一個人真正的財富，不是金錢、不是權力、不是名聲，而是強烈的學習意願，強烈的分享意願。

▎積極主動，方能獨領風騷

我曾經看過一個這樣的故事。

一個5歲的男孩，覺得幼稚園的功課太簡單了，於是就主動跟父母親說：「我想跳級讀小學。」父母建議他還是按部就班地讀書，等到有足夠的能力時再去讀小學。

為了學到更多的知識，他大膽地提出：「讓我試一下好不好？如果我的能力不行，就不可能通過小學的入學考試；可是如果我考過了，就表明我能、我行，那你們就要讓我去上小學。」父母很爽快就答應了。於是男孩努力讀書，最後以高分考進私立小學。

故事的主角就是李開復。他曾經在全球最大的電腦搜尋引擎──Google公司擔任全球副總裁兼中國區總裁的華人資訊科學家。他在自傳《做最好的自己》一書中，諄諄指點事業成功的規律以及達到卓越的途徑。相當發人深省的是，在所有最重要的人生態度中，李開復把積極主動擺在第一位。5歲時候的這件事，讓李開復懂得只要積極進取、大膽嘗試，就有機會得到自己期望中的成功。這也為他日後的積極與自信奠定了堅實的基礎。

積極主動的人在環境不順遂的時候依然樂觀進取。如李開復一般，擁有這樣特質的人經常會說的話是，「一切靠自己，我可以做得更好。我有選擇環境的權利。我要制訂一個計劃，以選擇最適合我的專業，我要去學習如何引起人們的重視。我要放棄那些不重要的事，才能有足夠的時間做最重要的事。只有我自己才有權利和責任決定我該怎麼做。」

積極主動的思維準則是每一個追求成功的人應有的人生態度。心理學家的觀點是，即使是在極端惡劣的環境裡，人們也會擁有一種最後的自由。你可以選擇積極向上、樂觀奮鬥的思維方式，不斷磨練自己的意志，讓心靈超越現實環境的禁錮，自由自在地馳騁。

積極主動的思維方式，可以讓你擁有行動的力量。世界級的魔術大師大衛考柏菲在光天化日、眾目睽睽之下，可以讓紐約的自由女神像憑空消失，觀者幾乎無不讚嘆他的「神乎其技」。然而大衛並不是神，他能超越其他大多

數的表演者，將魔術的境界推向登峰造極的原因其實不難剖析。大衛對於魔術表演一定比別人擁有更大的興趣、更強烈的使命感和更強大的行動力。因為有這三項要素，大衛自然會規劃出一套最嚴謹的學習計劃，也會透過學習不斷研發、創新手法，更會鍥而不捨地追求表演的熟練與細膩度。

事實上，大衛的成功不僅代表著魔術這個領域的訣竅，遍觀社會上的各行各業，無不是如他一般的有才之士在獨領風騷。他們成功的訣竅不在於「知道」，而在於積極主動，一步一個腳印地付諸行動。

敢於築夢是成功者的首要特質。一個成功者不但會熱切地夢想成功，而且會毫不猶豫地去追求。成功當然不是一蹴而就的，它是一個連續努力的學習過程。所謂學習，不單指技能，更重要的是心態，要不斷地自我充實、自我要求與自我學習。誠如科學家愛迪生所說：「成功是百分之一的天才，加上百分之九十九的努力。」

或許你會小看自己，認為成功的這個大夢離你太遠，因為你的家世毫不顯赫、學歷乏善可陳，長相亦平庸無奇……其實，翻開近代歷史，過去人們一直認為登陸月球是不可能實現的夢，但美國太空人阿姆斯壯的一小步，就輕易開啟了人類歷史的一大步。過去人類認為移植器官、人造器官、複製動物是異想天開之舉，然而生化科技的進步，帶動基因工程與基因移轉技術的進步，讓許多原本被認為是異想天開的事，變成了鐵一般的事實。

一旦具備了成功的決心，再加上嚴謹的學習態度，成功便獲得了行動力。建議你不妨觀察一下身邊的成功者，他們在成功路上的所聞、所見，一定多少和魔術大師大衛的心路歷程有雷同之處。他們學習再學習、提升再提升，因為他們都知道，想要在開創事業中取得先機，心動不如立刻採取行動。

成功的行動力是一種無堅不摧的力量，它不但能像魔術師一般，把「沒有」變成「有」，還可以把「貧窮」變成「富有」，把「愚痴」變成「智慧」，把「迷失」變成「篤定」……

積極主動的心態和行動，讓你具備追逐成功的持續的熱情。平凡與成功之間的距離可近可遠，以你對待生命的態度而定。如果你能找到讓自己「盡

其才」的方向，揮灑熱情、專心一致地去做，並且永遠不怕重新學習，始終用不服輸的態度追求卓越，有朝一日你必然會成為一位熠熠發光的平凡英雄。你是否相信，雖然自己只是做平凡事的小人物，但也同樣可以有大大的出頭機會？

根據美國的潛能開發專家羅賓森在其長銷著作《讓天賦自由》一書中的觀點，建議大家捫心自問以下四個關鍵問題：

（1）天資：什麼是我真正的力量所在？

（2）熱情：哪件事情讓我永遠充滿活力？

（3）態度：你讓際遇左右你的生命，還是相信態度創造運氣？

（4）機會：如何讓我的熱情找到實踐的管道？

做一件可以讓天資充分展現的事情，能夠激發你成功的熱情。在這個過程當中，你的身體不會感覺到疲累；不知不覺時間好像變短了，好幾個小時過去你卻感覺不出來，這是因為你的熱情讓精神進入了「神馳狀態」。

「熱情」的英文「enthusiasm」是從古老的希臘字「theos」（神）與「entos」（內心）結合而來，代表「內心的神靈」，說穿了就是一種生命信仰，因為熱情的人找尋的是價值、成功。

熱情會形成你的態度，而態度決定高度，高度決定姿勢，姿勢決定氣勢，氣勢決定格局，格局又決定最終的結局。誠如英國文學家莎士比亞所說：「假使我們把自己比做泥土，那就真要成為別人踐踏的東西了！」

在今天這個全球競爭的時代裡，想要在事業上獲得成功，必得努力培養自己的熱情、主動意識：在工作中要勇於承擔責任，主動為自己設定工作目標，並不斷改進方式和方法。此外，還應當培養推銷自己的能力，在客戶面前善於表現自己的優點。

事實上，心理學家早已發現「態度決定一切」。一個人每天大約會產生五萬個想法，如果擁有積極主動的態度，就能樂觀而富有創造力地把這些想

法轉換成正面的能源和動力；如果態度是消極的，就會顯得悲觀、軟弱，同時也會把這五萬個想法變成負面的障礙和阻力。

生命中隨處都是機遇，而許多機遇就藏在一個又一個的挫折之中，一旦在挫折面前氣餒，便可能會與機遇擦肩而過。所以，積極行動起來吧！請切記，只有積極主動的人，才能在瞬息萬變的競爭環境中贏得成功；只有善於展示自己的人才能在工作中獲得真正的機會。

鴻海科技集團創辦人郭台銘在一次對內部業務人員的演講中，要求員工多去思考「如果」，這正是對積極主動的熱情態度所寫下的最佳註腳。如果你具備積極主動、熱情做事的最佳態度，就能看到眼前的機會並且在這種態度影響下採取行動，是凡人也可以變英雄的箇中祕密。

▌把握當下，珍惜擁有

1997 年，《潛水鐘與蝴蝶》出版，這本薄薄一百多頁的小書，卻意想不到受到了讀者的歡迎和喜愛。書的作者是原法國時尚雜誌《Elle》的總編輯尚-多明尼克·鮑比。這是一本用心靈寫成的書，作者在書中表達了對美好生活的追憶和未竟事業的嘆息。

鮑比的故事因書的出版而家喻戶曉。

1995 年，鮑比因腦溢血，毫無徵兆地突然病倒。

他原本是一個人人稱羨的社會精英，個性開朗而健談；他熱愛文學、喜歡旅行、享受美食，擁有意氣風發的美好人生。中風之後，經過三個星期，他才逐漸醒來，並且知道自己罹患了罕見的「閉鎖症候群」（Locked-insyndrome，LIS）。

這種病症讓一個素來生龍活虎的人，變得意識清醒卻全身癱瘓。他無法言語，右耳也失去聽力，幾乎無法與外界溝通。他唯一能夠表達內心想法的方式是運用語言矯正師所發明的「字母溝通法」，即由一名記錄者將一個按照法語字母使用頻率排列的字母表逐一唸出，直到鮑比用唯一能眨動的左眼皮眨一下，示意對方把該字母記下。就這樣，一個字母、一個字母拼成單字，

再一個單字、一個單字拼成句子，變成了這位總編輯用來與外界溝通的不二管道。

鮑比入院半年便決定開始寫作這本書，《潛水鐘與蝴蝶》不知是他眨動了多少次左眼皮才慢慢寫成的。每天，在出版社的同仁到達醫院前，他必須將每個句子都先在腦海中斟酌過數十次，把每一個段落的文句都先背下來。這股心靈的力量是如此令人震撼，而在此過程中，他幾乎沒有怨言，反倒有種輕鬆、自嘲的幽默。他坦然面對自己的生命像被「潛水鐘」禁錮、形體無法自由活動的事實，不過，他的心靈卻如同蝴蝶般自由自在地飛翔。換句話說，肉身的苦痛反而淬鍊出了他心靈的智慧。

鮑比中風之後的身軀僵如木石，不再能夠享受病發前的一切。書中寫實地說出他內心最深沉的吶喊，他期待康復，想念家人、美食……以及自己對文學創作的未竟夢想。

「如今在我看來，我的一生只是一連串的未竟之事」，在「被命運處以沉默的重刑」，再也無法用肉身揮霍生命之後，他終於開始對生命有所反思。鮑比不幸的命運反而造就了他自省的機會。他開始珍惜這難能可貴的生命和僅有的可以與外界交流的方式──眨動左眼皮。

當不幸發生，鮑比全世界的友人，從拉薩到新德里，從耶路撒冷到佛羅倫斯，都自願自發地為他祈福。不過，再多的祈福，千金萬金，也難換回「早知道」。《潛水鐘與蝴蝶》真人真事的現身說法，固然顯示了作者的心靈力量，但真正要告訴每一位讀者的人生智慧，恐怕還是「請一定要好好把握當下的生命與光陰，並且珍惜你所擁有的一切」。

讓我們面對如今的生活狀態，全球市場環境惡劣，經濟情勢每況愈下，尤其令人心憂的是青壯年齡層失業率大幅攀升，民生痛苦指數超過經濟增長率，一般人承受的生活壓力由此可見。社會學家開始討論隨之而來的「自殺潮」。學者認為自殺率走高跟人在情感、經濟、意外事件的無預警打擊，乃至社會的不公平、不確定感日益增強有關。打開電視、翻開報紙，悲慘事件時有發生。

鮑比的故事對於從事營銷的我們同樣有著深刻的啟迪。放眼望去、任耳聽聞，幾乎每天都有讓人悲觀失望的壞消息。面對如此的現實，我們理應珍惜這得來不易的成就和財富。那麼，我們該如何做才算是珍惜當下呢？

很簡單，我們首先要以「人飢己飢，人溺己溺」的同情、同理之心，與社會上的每一分子，尤其是與我們家庭相關的族群朋友一起努力。最重要的，我們要幫助周圍的人，切莫將失望的心態變為絕望，因為絕望是無藥可救的。

西方的大哲學家尼采曾說：「受苦的人沒有悲觀的權利。」因為，深陷痛苦淵藪的人如果再不自我振奮，就更加找不到離苦得樂的機會。或許你因環境的嚴酷變遷而諸事不順，失望的心情滿溢，意志愈來愈消沉，顯然已走在人生的紅綠燈口，不過千萬要提起精神，不要讓一時的失望情緒轉化成猶若絕症的「絕望」。對人生抱持絕望態度的人是在自掘死路，縱然人生十之八九都會在「山重水複疑無路」時，找到「柳暗花明又一村」的出路，他也無緣得遇。

「把握當下，珍惜擁有」說來簡單，卻往往是失去之後才會收穫的心得。如何能夠透過別人的經驗得到「先知道」的智慧，是我認為鮑比故事的最高價值所在，這樣的訊息希望你也接收到了。

其實，我們的意志是充滿韌性的，而人類適應環境的能力早經過老祖宗的一再證實，才可能在地球上存活到今天。問題在於，繁華過後的我們是否能甘於平淡地過一段苦日子。

過苦日子很難嗎？想想看，那不正是我們的來時路。既然以前可以節衣縮食，面臨困境時，為什麼不發揮堅毅的韌性，以平常心度過難關？

失望的情緒乃人之常情，它就像任何其他感受一樣，只是暫時的，但切記，絕望的侵蝕性就不同了。目前的處境或許讓人不甚滿意，不過，過往的一切都值得珍惜，只要不灰心喪志，就找得到生存的希望。現在即美好，謹把這首《珍惜》之歌送給大家。

為什麼說，過去的日子好？童年的夕陽美，當初的戀情甜。

為什麼說，過去的朋友好？年輕的笑容美，輝煌只有當年。

生命是上蒼的厚禮，活著一天就有意義，

最好的時間是現在，最美的地方在這裡。

生命是上蒼的厚禮，活著一天就有意義。

讓每個現在都好，讓每個這裡都美。

珍惜！珍惜！

第四章 強化服務意識的七大原則

得到他人的關愛是一種幸福，關愛他人更是一種幸福。

「贈人玫瑰，手有餘香」，當你專注於一個方向，終會比別人走得遠些。用心感受，將顧客作為自己的摯友，讓用心服務如呼吸般自然。學會珍惜，才能傾心地付出點點滴滴的關懷與愛護。

把愛心裝進生命的行囊，帶著愛心行走在我們的人生之路，當走到生命之路的盡頭時，便會發現，這愛心溫暖了我們一路，這愛心豐富了我們一生。

▌將專業做到極致

在人們的眼中，美國的「股票天使」彼得·林區就是財富的化身，他說的話是所有股民的寶典，他手上的基金是有史以來最賺錢的。

1990 年，林區管理麥哲倫基金已經 13 年了，就在這短短的 13 年裡，彼得林區悄無聲息地創造了一個奇蹟和神話！麥哲倫基金管理的資產規模由 2000 萬美元成長至 140 億美元，基金持有人超過 100 萬人，成為當時全球資產管理金額最大的基金。麥哲倫的投資績效也名列第一，13 年的年平均複利報酬率達 29%，由於資產規模巨大，林區 13 年間買過 15000 多支股票，其中很多股票還買過多次，贏得了「不管什麼股票都喜歡」的名聲。

《時代》雜誌評他為首席基金經理。他對共同基金的貢獻，就像是喬丹之於籃球，鄧肯之於現代舞蹈。而讓他擁有如此高聲譽的根本原因則是在於他對投資的深入研究，從而讓他成為專業的投資家。

什麼是專業？這個看起來很酷，聽起來很響亮的字眼，以往總是和醫師、設計師、律師、建築師等擁有超高知識、技能以及道德觀念的職業聯繫在一起，讓一般人誤以為這個標準與己無關。進入 21 世紀之後，日本的趨勢專家大前研一卻倡言，「擁有專業能力是 21 世紀全球經濟的主要特色，任何一個個人或組織都已無法置身度外。」

第四章 強化服務意識的七大原則

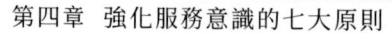

大前研一認為,專業與業餘的根本性區分在於是否具備「顧客主義」。如果只在職業技巧和知識上打轉,卻忽視了經濟活動中最重要的元素——顧客,那就不具備專業的實力。因為企業需要透過商品與服務來滿足消費者的種種「承諾」,並用此承諾來約束自己。

換句話說,一個專業的營運者一定能夠建立「承諾顧客,約束自己」「以客戶利益為優先」的企業價值觀。在這樣的企業裡,無論任何人都必須優先維護客戶的利益,嚴格禁止以自己或公司的利益作為判斷的標準。

不知道你有沒有認真地思考過,營銷行業的成員需要具備哪些專業條件才能夠向顧客保證:「找我是你最正確的選擇,因為我已經準備好了。」

下面有幾個簡單的標準,可以幫助你瞭解自己並找到努力的方向:

(1) 你是「獨當一面」還是「羽翼未豐」?

(2) 你是「考慮顧客」還是「考慮自己」?

(3) 你是把「事情做完」還是「做得超乎預期」?

(4) 你究竟是「專業人士」還是「業餘玩家」?

如果有人問我,21世紀,營銷事業的夥伴們有什麼需要自我鞭策、繼續加強的嗎?我的期許是,未來唯一的生存之道在於專業,而對於專業態度的培養與堅持,我們所應付諸的努力將永無止境。

在當前我們的事業將進一步落實「營銷生活化,生活營銷化」的新階段,克緹的營銷夥伴們將直接融入潛力顧客的市場中,而是否能夠成功掌握機會則與個人專業的程度和積極進取的心態有關。前者包括以服務客戶為中心的預測力、構想力、議論力以及適應矛盾的能力,一旦我們擁有這幾種能力,即使面對複雜多變的環境也能發揮出自己的實力;後者包括對這種服務事業的自信、活力、渴望財富、勤勉以及樂於接受挑戰等方面的內容。

(1) 充分的自信。

信心是一個人取得成就的基石，那些天性積極、樂觀，凡事滿懷希望的人無論做什麼事情都有較高的成功機率。相反，一個對己、對事喪失信心的人不可能有充分的活力與鬥志，因而經常陷入失敗的惡性循環。

　　信心永遠是成功的先導。有一位成功的企業家一向樂於回饋鄉里、幫助他人。一次，媒體訪問他「如何賺錢」，他只輕描淡寫地說：「賺錢很容易呀！」就不再多加詮釋。事實上，富人與窮人的差別正在於富人認為賺錢容易，自信富足並願意幫助他人，因此而廣結善緣，做事業越發容易成功。窮人則認為賺錢非常辛苦並認定自己能力不足，結果就如他所料。只是他們選擇相信的內容天差地別，也就造成了窮、富兩極的結果。

　　（2）高度的活力。

　　這份活力既涵蓋充足的體能、勇於在人際關係中主動付出光和熱的活潑個性，也包括在面對問題與困境時鍥而不捨、絕不輕言放棄的精神。

　　（3）殷切渴望財富的心理。

　　一個安於現狀的人往往缺乏成功的動力。事實上，人類的文明與進步就是出自對物質生活的更高渴望，我們也才能衍生出奮鬥不懈的勇氣。

　　（4）勤勉的習慣。

　　勤能補拙，亦能將一切的不可能轉化為可能。成功屬於勤者，勤者是勤於鼓勵自己達成目標的人，勤勉的習慣無堅不摧、無敵不克。因此有人說，一「勤」天下無難事。

　　（5）樂於接受挑戰。

　　有人在人際關係中一碰到異議、抗拒與障礙，就不戰而敗、垂頭喪氣。成功者則不然，他們會以平常心看待人際關係中的衝突並樂於克服逆境，不甘被此擊敗。這種心態上的不同，便造就出結果迥然有異的兩種命運。

　　總之，身上流淌著專業血液的人，總是會要求自己的工作能夠達到登峰造極的水準，並能樂在其中。他們不喜歡不痛不癢、馬馬虎虎的工作，所以即使只拿到一丁點的報酬，他們仍然會比別人更努力。

若用更具時代意義的眼光來看「專業」，目前專業挑戰的依然是「看得見的空間」。而在未來，真正的專業要能在荒野中找出道路，在看不見的空間尋找更多的機會。因此，營銷夥伴們要用以上專業人士的標準衡量自己並勇於挑戰自我，以求自身的突破。

我認為，一個敢於挑戰自我的人不會被困難阻撓，他能把吃苦當作吃補，吃得苦中苦，最後成為社會精英。有句俗話說：「人不要怕窮，要窮中立志；也不要怕苦，要苦中進取。」痛苦是上天給我們的鍛鍊，也是成長過程中必經的磨練。只要我們像孵化中的小鳥那般奮力衝破蛋殼，必能夠冒出頭來迎接新生。

需要注意的是，在我們為了專業精神而付出努力與堅持時，就算得到一點小成功也不能因此自滿。一個自滿的人雙眼將被塵沙矇蔽，不僅很難跨越橫亙在路中的障礙，更降低了「百尺竿頭，更進一步」的可能性。因此，我們要把自滿當作自己成功之路上的一大敵人。

請記住，我們的目標是以「顧客主義」為中心，在不斷挑戰自我中提升專業水平，我們要贏得的不只是過程中的一場小戰役，而是美滿的願景與未來！

善用騎士精神服務客戶

一家知名出版社要我為一本新書作序，書名非常有趣，叫做《別和刺蝟亂說話：20個讓顧客開心買單的關鍵服務》。刺蝟是一種全身長滿了刺的動物，除了這一特徵外，刺蝟的個性也和外表一樣是多刺而難以相處的，牠們喜歡挑三揀四，態度也比較粗魯。但這本由溝通專家理查·加拉格所著的書並不是在研究刺蝟本身，而是以伊索寓言的模式，請出不同的動物和人類共同擔任主角，並透過生動的情境劇揭示為客戶服務的小祕訣，每一則故事都能作為現實生活中非常實用的教材。

理查·加拉格認為，優質的客戶服務由以下幾個基本內容組成：給別人良好的第一印象、傾聽顧客要說的話、不要與顧客爭論或對顧客失禮，以及避

免負面期望。乍看之下，這些準則好像都很常見，不過他提醒我們，當人們面臨新的挑戰、棘手的處境或是心情不好時，往往就會拿出最直覺的人性反應，以至和態度和善、樂於助人的標準舉止背道而馳。我們必須瞭解自己的本能反應，然後再對這些反應加以規劃並不斷練習。例如，禮貌的招呼問候語、專心聆聽不同顧客反覆提出的相同問題等。簡單地說，這種反應就像是在演戲。只要經過適當的練習，良好的客服態度就會逐漸變成我們待人處世的態度，並自然而然地在與人相處時展現出來。

　　理查‧加拉格的觀點讓我想起了中世紀的歐洲曾經風行一種以騎士精神為依歸的行為準則，即保衛弱者、不可以說謊、尊重他人並能為受委屈的人平反。這些準則非常像是企業的使命宣言或願景宣言。我們要想與顧客建立一種正面、互信的關係，最好的辦法就是履行舉止高雅的騎士精神。

　　在行銷的過程中，我們很容易把顧客當成沒有血肉、沒有表情，總是提出一些煩人需求和問題的一群人。但是，當你以尊重的態度來對待顧客時，你會發現，他們也會變得親切起來，並樂於幫助你完成工作。人類的社會本來就是多元化的，我們要不時地提醒自己，千萬不能將個人的種族、性別、學歷、年齡或穿著風格的偏見帶進客服工作，在生活中最好也不要存有這些偏見。我們一旦學會尊重顧客和顧客的需要，擁有了與其他人建立良好關係的技巧，不但現在可以創造顧客和自己雙贏的局面，連未來的事業和生活也都能獲得極大的改善。

　　好的服務就像一支好的棒球隊或是一場優美的音樂會，是需要經過學習和練習的。你學會服務群眾的技巧時，就等同是學會了處理人際關係和領導的技巧，這個技巧將對你的人生各方面都帶來正面的影響。而除了服務的核心技巧之外，專家認為，人際相處最重要的層面在於尊重別人──像騎士一般尊重別人的需要和感覺。

　　在我們的事業領域裡，客流和物流可以說是相生相長雙軌並行的。每一位成功的夥伴都有一套服務客戶的獨到心得，而獨到的心得之間又必有其一脈相承、互相融通之處。這些技巧可以大大改變顧客對我們的感覺以及顧客回應我們的方式。人與人互動的方式是一種藝術，同時也是一種科學──行

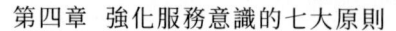

為心理學。作為一位銷售人員，應該如何招呼客戶、怎麼樣說話才能與顧客建立良好的關係，以及在面對麻煩與衝突的時候如何解決問題，這都需要有正確的態度和嫻熟的技巧。因此，我們不妨借鑑騎士的交際方式，而你也可以用自己的經驗心法與其兩相對照，找到讓自己人際關係更上一層樓的臺階。

當顧客無禮、刻薄或傲慢時，我們切不可用相同的態度去做回應。如果你像風度翩翩的騎士一般以適宜的說話技巧，讓顧客覺得他的需要、他的想法受到你的重視，那麼他原本充滿敵意的態度通常會很快軟化，變得願意配合你並讓你輕鬆達到目標。

用騎士精神服務客戶要求我們摒棄自己對客戶的成見，以友愛的態度面對所有人。其蘊含的道理與東方佛學的「成見不空」是一致的。在佛光山星雲大師編寫的《星雲禪話》第一集中，有一則故事令我感受頗深，在此特別摘錄下來與所有的克緹人共勉。

有位學者特至南隱禪師處請示什麼叫做「禪」。南隱禪師以茶水招待，在茶倒滿杯子時並未停止，仍又繼續注入。眼看茶水不停地往外溢，學者實在忍不住，就說道：「禪師！茶已經滿出來了，不要再倒了。」

「你就像這只杯子一樣！」南隱禪師說：「你心中滿是學者的看法與想法，如不事先將自己心中的杯子空掉，叫我如何對你說禪呢？」

從南隱禪師與學者之間的對話，我們已很清楚摒棄成見的重要性。對我們的事業而言，「成見不空」的禪話是一個很好的借鑑。希望克緹的夥伴能時時提醒自己捐棄以往對客戶和事物的成見，以便吸收我們事業的新知識與新觀念。

騎士精神的另一個體現就是尊重他人。銷售就是以顧客為上帝，為顧客提供優質的服務，並向其傳遞我們的關愛的事業。克緹是一個傳遞健康、美麗與財富的事業，當我們尊重顧客並用心聆聽顧客的需要，以同步的頻率進入對方的靈魂領域時，我們才能真正把美好的事物傳達給顧客。這樣一傳十、十傳百，贊同我們的顧客會愈來愈多，我們自己自然也會像騎士一樣受到顧客的信任乃至敬仰。

另外，我們還要善用客戶服務的技巧，例如記住顧客的名字、瞭解他們的喜好、認識顧客的親友，以及感謝顧客光臨等。這些技巧都可以幫助我們建立良好的顧客關係，進而提升業績。即使在遇到麻煩的情況下，如果我們能秉持著責任與擔當的「騎士心態」為顧客著想，而不是處處站在自己的立場去辯解，常常能將危機順利化解。

　　其實，「騎士精神」一直存在於我們的社會中，只要你肯花些時間去學習並和同事一起付諸行動，那麼你的事業前途必然不可限量。

▍顧客乃心之所屬

　　喬・吉拉德是全世界最會販賣汽車的推銷天王。他在 1976 年一年之內就賣出了 1425 部汽車，因此被列入金氏世界紀錄。事實上，這位全世界最偉大的銷售員曾經連續 12 年榮登世界紀錄中銷售第一的寶座——平均每天賣出 6 輛車，而他所保持的世界汽車銷售紀錄至今仍無人能打破。為了分享他的寶貴經驗，各大跨國企業紛紛邀請他演講，已有數以萬計的人被他成功的事蹟所激勵。

　　不過，這位銷售天王在 35 歲以前的職業生涯卻是非常失敗的。他患有嚴重的口吃，更換過 40 個工作仍然一事無成。他甚至曾經淪為小偷、開過賭場。然而，像這樣一個任誰都不看好，背了滿身債務、幾乎走投無路的人，竟然能在短短 3 年之內實現了絕地大反攻，榮登世界上最偉大推銷員的寶座，他究竟是如何做到的呢？

　　原來，喬・吉拉德成功的祕訣就在善於運用顧客的連鎖反應。他的業績中約有六成來自於老顧客，以及老客戶所介紹的新顧客。他不但能讓老顧客重複購買，老顧客還能主動為他介紹新客戶上門。喬・吉拉德在嘗到連鎖介紹的驚人威力後，得出一個簡潔有力的結論：在任何情況下都不能得罪顧客，也就是說，對待每一個客戶都應當全力以赴。喬・吉拉德說：「如果你想把東西賣給他，就應該盡力去蒐集他和你的生意相關的情報。如果你每天都肯花一點時間瞭解自己的顧客，做好準備、鋪平道路，就不愁沒有客戶。」

喬‧吉拉德非常自信，凡是跟他買過汽車的顧客都會像獵犬般幫他找來新的客戶。他還有一句名言：「我相信真正的推銷活動開始於成交之後。」推銷是一個連續的過程，成交既是本次推銷活動的結束，也是下次營銷活動的開始。推銷員在成交之後繼續關心顧客，既會贏得老顧客，又能吸引新顧客，生意愈做愈大，客戶也就源源不絕。喬‧吉拉德在和顧客成交之後從不把他們拋諸腦後，而是繼續適時表達關心。正因他真心關愛自己的顧客，顧客才會把他推向了銷售天王的寶座。

喬‧吉拉德的成功是因為他在全心全意地與顧客建立感情聯繫，他沒有忽略任何一個潛在顧客。

在現代社會中，人與人之間的溝通講究快速、高效，尤其是在銷售行業，我們與客戶交談的幾分鐘內，如果沒有向客戶充分展示我們的熱情，就會不經意間失掉這筆生意。所以，克緹人首先要學會端正態度，認真對待每一位客戶。

因此，我們要時時注意控制自己的情緒，不能因為顧客的刁難或自己的好惡而怠慢了顧客，更不能輕易忽視任何一位客戶。另外，不論業務員推銷的是什麼，最有效的訊息莫過於讓顧客真心相信你關心他、喜歡他。一旦顧客對銷售人員抱有好感，成交的機會就會大大增加。

在銷售行業有一個著名的「250定律」，即從每個人一生中會參與的婚喪喜慶、宗教活動等社交範圍去衡量，一位顧客的背後大約都站著250位關係親近的親戚、朋友、同事和鄰居。換句話說，銷售的態度是足以造就連鎖反應的。一位對你的服務滿意的顧客，極可能會給你帶來250位潛在客戶；一位不滿意的顧客則會給你製造250位潛在的敵人。因此，你只要不經意地趕走了一位顧客就等於趕走了潛在的250位顧客。

每一位營銷人員都應設法讓更多人知道自己的業務內容。這樣，當他們有需要時就會想到自己。因此，營銷人員要不吝於向每一個人推銷。比如，喬‧吉拉德使用名片的做法就與眾不同。在餐廳用餐後結帳時，他會把名片夾在帳單裡；在運動場上，他甚至把大把大把的名片灑向空中，名片就像雪花一

樣飄散在運動場的每一個角落。這種看似奇怪的做法，的確幫助他成就了一筆又一筆的生意，因為人們往往不會忘記這種非比尋常的舉動。

將顧客放在心上的業務員會對自己客戶的情況瞭如指掌。他們像一臺具有錄音機和電腦功能的機器一般，能夠記下有關顧客和潛在顧客的所有資料：他們的家庭和健康狀況、職務、嗜好、成就、旅行過的地方等，這些資訊都能變成相當有用的推銷情報，根據這些材料，營銷人員就能判斷出客戶喜歡什麼、不喜歡什麼，由此可以與客戶找到共同語言，拉近彼此的關係。只要能讓顧客在聊天中感到快意舒暢，自己的生意就不愁談不成了。

國際知名的營銷顧問陳文敏在與亟欲提振市場競爭力的業者晤談時，說出一句名言「教導你的員工穿上顧客的鞋子」。現在，這句話已在服務業廣為流傳。為什麼「穿顧客的鞋子」可以強化市場競爭力呢？

因為在思想上願意放下自我觀念的人，一定能站在對方的立場思考問題，也具備同理心、懂得體貼他人，並且不會過分自我。這樣的特質正是職場上增進人際關係的絕佳潤滑劑。有趣的是，雖然「穿顧客的鞋子」的口訣早已公諸於世，但人們常常是聽到卻做不到。

「不輕易忽視每一位顧客！」這需要我們改變自己的態度。首先，我們要對每一個顧客都表現出熱情。簡單地說，具有熱情的態度不僅是「做完了」，還要「做到最好」。這就要求我們設身處地為顧客著想，讓我們的服務超出顧客的預期以得到顧客的好感。

一位資深經理人說，「如果你只是接電話，告訴客戶你不知道、沒辦法；如果你開訂單後既不聯絡也不追蹤客戶，發現問題既不匯報也不處理；如果你只是打報表而不核查數字的正確性；如果你只是接電話，從未希望客戶有滿意的感覺、從未期待客戶多訂一些貨；如果你只認為自己是助理，從未想過自己的一言一行代表的是業務、主管、老闆、公司，那麼，你不夠格做一個稱職的助理，你的工作任何人都可以取代。」由此可見，我們只有改變自己的態度並將每一位顧客都放到心中，才能發揮更大的主動性，才能關注到更多顧客的需求。

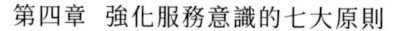

懂得用心，顧客才能歸心

在不景氣的年代，成功的業務員中不乏菜鳥熬出頭的實例。一位因在2009年夏季每天賣出一輛汽車而登上汽車業銷售金獎寶座的戰將，形容自己練就「打斷腳骨顛倒勇」（摔斷腿骨反倒更加勇猛）才能實現蛻變達到卓越，但評審卻一致推崇她「對客戶數十年如一日的服務熱忱，堪為業界表率」。

「幫客戶拉車回廠保養並不難，但她對一輛新臺幣50萬元的國產車客戶一樣能夠持續服務長達12年，這樣的工作態度、毅力和熱忱才是她能在小池塘闖出超人業績的致勝關鍵。」一位評審客觀分析。

這位女性對客戶的持續服務也是她獲利的來源。一般業務員總是花費八成以上的時間和客戶周旋、殺價，但她卻倒過來，花八成的時間服務老客戶。表面看來她的投資報酬率甚低，其實不然。老客戶成為她長期保持高成交量的捷徑，經年下來，她幾乎完全不必做陌生拜訪，八成新車成交都來自舊客戶換車與對她良好的口碑介紹。換句話說，這位超級業務員認為簽下訂單既是服務的開始，同時也是滾動獲利的起點。

她看長不看短，更重要的是她還願意彎腰，樂意賺看似麻煩的小錢，殊不知，小錢背後即潛藏著大錢。例如，客戶習慣她的服務後，換車時會委託她來處理中古車（二手車），讓買賣雙方都很滿意，其中的佣金便很可觀。

可見，對於業務員而言，訂單的多少不是關鍵，重點在於能否深植人脈，並保持對客戶的熱忱服務。比如上文事例中的業務員，她的絕招就是對客戶的需求有百分之百的貼心關照與回應。因為她無怨無悔地對顧客掏心，顧客也就義無反顧地慷慨解囊，即使在通貨緊縮的年代依然以高消費來回饋她的熱忱服務。

對於營銷人員來說，要做到對客戶掏心，需要自己先有一顆感恩的心。一個懂得感恩的人通常都會比較謙虛，待人不狂妄，對己不驕縱；而所謂懂得感恩不只是對他人樂於回饋，更會因此體驗到豐富而多元的感情交流。換句話說，如果你具有這樣的特質，你的人際關係和人生境界往往會不斷地提

升；你會尊重身邊的每一個人，肯定每一個角色不同的貢獻，同時你也會贏得他們的尊重和信賴。

「六大信條」也揭示了同樣的真理：扶助值得幫助的親朋，您就會有福氣；敬愛家人朋友，也必得人尊重；把喜悅與人分享，喜悅也必會更加豐盛；奉獻愛心不求回饋的人，永不缺欠。

回顧克緹在每一個不景氣寒冬中的逆勢成長，感恩與分享都曾帶給我們很多正面效應，因此我們非常肯定感恩與分享是營銷人的行囊中最有力量的法寶。這世界上的每一個人無一不希望自己在別人心目中是重要且有價值的，如果我們能先一步滿足對方的這種心情，對方勢必更會以愛、尊重與關心來回報我們。換而言之，對於營銷人員來說，只有對顧客掏心才能讓顧客願意掏「費」。

懂得用心的業務員還會注重積累人脈。人脈愈廣，個人交易的資本額就愈大，所能產生的營收與獲利也就愈高。因此，建立信賴與人脈，在某種意義上比賺錢更重要。

費德文是舉世公認最傑出、被金氏世界紀錄譽為「歷史上最偉大的保險推銷員」。他一生賣出了超過10億美元的壽險保單，且都是在方圓40英里（1英里≈1.6公里）、人口只有1.7萬人的家鄉小鎮中完成的，可見優秀業務員是不會受到經營區域限制的。

再看獲得房地產業「超級業務員」大獎的賴宗利。他既沒有出色的外表，也沒有流利、清晰的口才，卻連續5年拿下桃園南崁房地產業個人成交金額的冠軍。賴宗利只有高職學歷，擔任大樓的保全人員十幾年，月收入兩三萬元臺幣。38歲時，他因撫養兩個孩子的經濟壓力而轉入房地產業。中年轉業要想成功談何容易，他卻在一年內就登上了區域銷售冠軍的寶座，月收入也提高了6倍。

在桃園競爭最激烈的上南崁戰區的兩萬人口中，賴宗利認識的人超過一半，其中至少有1/10的人曾經透過他買賣房子。走在當地的路上，隨時可見賴宗利與居民打招呼並親切喊出對方的名字。

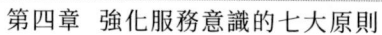

他對人名和電話有超強的記憶力，這個能力一方面是與生俱來的，另一方面要得益於他的日常訓練。賴宗利當保全人員的時候，縱使人微言輕，他仍渴望得到客戶的感謝和肯定，哪怕只是得到一個會心的微笑也很滿足。微笑無價，並不會讓存款多一個零，但他卻樂此不疲。當他發現每當自己喊出客戶的名字都能得到正面回饋時，他就更努力地記住每一個人。他說：「讓一個人滿意，可能影響到26～32個人；如果我得罪了一個客人，也會讓26～32個人不向我買房子。」因此，他遇到沒有把握的案子時還會往外推，就怕因為一次失敗的交易影響到日後的人脈。

正是因為這些超級頂尖的業務員用心拓展自己的人脈，並對每個客戶將心比心，他們才取得了卓越的成就。我們的事業是一個屬於人的事業，我們必須積極面對人、瞭解人、服務人、聯絡人。透過不斷歷練，有心人終究能夠廣結善緣，修得正果。

對客戶掏心還需要我們有同理心。人際關係中什麼才是應對萬千變化的法寶呢？我認為，能夠讓我們在各種複雜的人際關係網裡抽絲剝繭、無往不利的，是人的智慧中至為寶貴的同情心和同理心。每一個人都希望被人尊重、受人肯定，因此在互動的過程中，請千萬牢記不要讓他人喪了尊嚴、失了面子。無論局勢如何有利於自己，都不要將對方趕盡殺絕，而應該為對方留些餘地。因為心量愈大的人福報一定也愈大，懂得給別人留轉圜餘地的人必會在日後受到相同的待遇。

和同情心有如雙生兄弟的同理心，是一種設身處地為他人著想的能力。通常我們的眼睛總是看到別人的缺點，發現他人的問題。不過，具有同理心的人在將要批評別人時，往往會先想想自己是否完美無缺，也就是禪宗六祖慧能所說的「若見他人非，自非卻是左」。因此，即便我們在與他人發生爭執時站在有理的這一邊，也要學會自我節制，展現出得理而能饒人、理直卻能氣和的氣度。

當一個人擁有易地而處的同理心時，我可以說他的發展格局一定能超越凡夫俗子並具備擔當領袖的條件。對這樣的領導人才而言，他的言談已臻於藝術的境地。他們知道日常生活中，應該少說抱怨的話，多說寬容的話；少

說諷刺的話，多說尊重的話；少說拒絕的話，多說關懷的話；少說命令的話，多說商量的話；少說批評的話，多說鼓勵的話……

假如我們有這麼一位既能將心比心地尊重和肯定我們，又能易地而處地體諒、關懷我們的朋友，我們必定會視他為知己、尊他如伯樂。若是他有任何需求，我們也會義無反顧地為他兩肋插刀，把他的事情當成自己的事情去辦。因此，具有同情心與同理心的人將是這個世界上擁有最多真誠的好朋友、最有人緣與福分的人。人緣就是資產，它像一把能夠打開成功之門的鑰匙，只要你啟用，它的功效必然逐步展現。

最後，我再贈送可幫助大家廣結善緣的五大箴言，希望大家都能銘記在心。

（1）我怎樣對待別人，別人就怎樣對待我。

（2）只有將心比心，才會被人理解。

（3）要學會以別人的角度來看問題，並據此改進自己在他人眼中的形象。

（4）只能改變自己，不能修正別人。

（5）真情流露的人，才能得到真情回報。

▌利他之人，必為贏家

在新竹市西大路上，早年有一座供奉上清正一龍虎玄壇金龍如意飛虎金輪執法元帥趙天君的廟宇——安南宮。安南宮興建於清咸豐六年（1856），人稱「趙大人廟」，據說日本殖民統治時期，它仍只是間斗大的小廟，那時人們的生活條件很差，也不知誰替這間小廟設計了一套制度，使趙大人廟在短短幾年之中便翻蓋成了一座威風的大廟。這個約定俗成的制度是什麼呢？

每逢端午，趙大人的誕辰日，廟方便在廟前擺設一個一斤重的紅龜粿，供川流不息的善男信女來祈求。大家都風聞，凡是求到的人便會萬事順利，

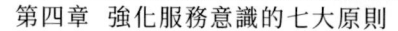

求財得財、求名得名。當時環境困苦，擁有財富、名位幾乎是每一個人的夢想，因此鄉里之間趨之若鶩。

人們求紅龜粿也有一個心照不宣的潛規矩，即假若今年求一斤，明年便得還上二斤。當時正值童年的我常在廟前玩耍嬉戲，親眼見到一個一斤重的紅龜粿如何連本帶息地滾成一百多斤的巨粿，而所花的時間不過短短數個寒暑。也就在屈指可數的歲月中，趙大人廟前就擺滿了一百多斤重的巨粿，可觀的是紅龜粿的斤兩每年都還在成倍數大幅成長。

由於信眾回饋的紅龜粿實在太多了，廟方決定以折現的方式收納愈做愈大的紅龜粿，並將信徒捐獻的現金翻修廟宇。與此同時，也有信眾不安地質疑：「如果有人今年求得紅龜粿，明年故意不來還，或者是搬家忘記來，或者因為什麼原因不能來，那麼，趙大人廟的紅龜粿不就愈來愈少了嗎？」

所幸，絕大多數的信眾都持樂觀而肯定的態度，廟方收得的現金及紅龜粿不但未曾減少，反而與日俱增，這也使得趙大人廟順理成章地由小廟變成了大廟。

在上面的故事中，趙大人廟之所以由小變大，就是因為廟方成功地運用了雙贏的觀念，先讓人們在趙大人的庇佑下平安、得福，並有可口的紅龜粿得以享用，再為廟宇贏得豐厚的回饋。數十年後，我踏入營銷的領域時才真正透徹地解讀出這一祕訣。希望每一位讀到這個故事的夥伴都能跟我一樣，不僅嗅到紅龜粿的清香美味，也能讀出雙贏的營銷策略。

一個人要想成功，自己的能力高低固然重要，但別人的幫助也是必不可少的。人力資源是世界上最豐富的資源，一個成功的人必然擁有很多朋友。一件事若想辦得完美必須具備和睦的人際關係。畢竟事情的重要性是由人來決定，事的準確性是由人來判斷，所以與人和睦相處就能夠事半功倍。因此，每個人都應謹慎處理好與週遭人們的關係。

互助，是人際間最平凡的一環。但是隨著社會變遷，人心變得自私，普遍存在「只要我富有，其他人貧窮也無妨」的錯誤觀念。在我們的事業裡，假如只有你一人成功而大家都失敗，這種滋味就好像關著門獨自喝米酒，感

覺會很不好受。我們必須瞭解到別人的重要性，彼此相互幫助，時常心懷感激才可能獲得最高的成就。

全球70億人口都想改善自己的精神和物質生活，有的人會用盡各種方法甚至不擇手段從別人身上獲得利益，造成人與人的殘酷競爭。一個人要想成就一番事業，首先要樂於對周邊的人伸出援手。別人因此而尊敬你時，這份事業就會像輻射圈一般產生極大的威力，由內至外一圈一圈慢慢地擴散，最後形成一朵燦爛奪目的雲彩。我們事業的擴展也是從點到線再到面，最終交出一張漂亮的成績單。

這就像以往的農村社會時代，村與村、人與人的互動關係是一個最好的印證。譬如，今天我要種田，整村人都趕來幫助，輪到明天別人要播種時，我再去幫忙。團隊精神創造了全村的財富。如果你期望別人來幫你種田，但你卻不願先伸出援手去幫助別人耕耘，那麼你將永遠不會如願。相對地，如果我們向別人伸出了援手，當我們要播種時必會有更多的人前來幫忙。因此，「自掃門前雪」是一種極自私的做法，這等於封閉了自己，此人的成功機率微乎其微。我們應以中國固有的文化傳統做準則：先去關愛、照顧別人，日後才會有更多的人來幫助我們，以達到最終的雙贏。

在處理人際關係的問題上，個人的成長也會影響到他人。我認識你，我自然有責任來幫助你，如果用這種心來待人就容易成功。之後，我們再集合眾人的力量去幫助少數人度過生活的危機。我們也應用此心態去幫助一小部分人獲得事業成功；這一小部分人又去幫助更多的人，這種精神一再擴張的結果就是，我們的事業規模發展遍及全球。

想要擁有雙贏和睦的人際關係，還要學會說好話。相信每一個人都曾親身感受過，當對方口吐蓮花，說的盡是體貼、關懷、讚嘆和感謝的話語時，語言所散發的融合力量是何其之大，而好話所能結下的善緣又是何其不可思議。相反，人與人之間的隔閡、疏離與仇恨，往往也是因為出言不慎所造成的。因此，我們要多說一些能夠給別人帶來正面、激勵作用的好話。

需要注意的是，會說好話的人多能廣結善緣。不過，人們的眼睛是雪亮的，如果有人說好話只是華而不實，或者說一套做一套，他很快便會遭到唾

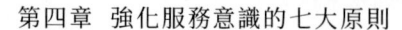

棄。因此，我們要尊重自己，用言語表達心聲，用行動實踐言語。只有我們的話切合實際才能成為人際關係的潤滑劑，也才能成為我們人格完美的表現。

所有的人際關係專家大概都會告訴我們，不批評、不指責、不抱怨，是讓聽話的人打開雙耳的不二法門。當對方願意聆聽時，唯有從對方的立場出發、為對方的利益考慮，才能讓對方不僅打開雙耳，更能敞開心扉，用心體會、用眼傳神，達成最完美的交流與溝通。

事實上，「從對方的立場出發、為聽者的利益考量」所揭示的已然遠遠超出說話技巧的範疇。它所代表的是一種不自私的心量，懷有這種胸襟的人心裡所關切的經常是如何「利他」。雖然他考慮別人優於自己，但奇妙的是回饋的美果自會從天而降。換句話說，一個懂得「利他」的人，往往最終會是人際關係的大贏家。

■心念是打破僵局的鑰匙

易卜生是挪威著名的劇作家，他慣於把自己的競爭對手——瑞典劇作家史特林堡的畫像放在書桌上，一邊寫作一邊看畫像從而激勵自己。易卜生說：「他是我的死對頭，但我不去傷害他，反而把他放在身旁，讓他看著我寫作。」

據說，易卜生就是在競爭對手的目光日復一日地關注下，才完成了多部世界戲劇的經典之作。善於面對敵人和處理僵局是易卜生成功的關鍵。

你時常和家人或親朋鬧彆扭嗎？當你與夥伴共事的時候，是否會因種種原因而出現僵局呢？

人與人在相處的過程中，形成誤會與僵局的確是在所難免的。有人會因一些微不足道的小事情就造成尷尬的場面，甚至愈鬧愈僵，最終一發不可收拾。還有的人面對僵局時總想逃避，甚至在看到出殯的行列時會想，「假如躺在那裡的人是我該有多好！死了，一了百了！」這種喪志的心態只會使之加速失敗。那麼，僵局與死結是否註定和無奈與絕望畫上等號？

答案是否定的。因為世間的一切現象都是唯心所現，你對一件事情的觀念如何，事情便會呈現出如你所想的面貌。換句話說，如果你相信世上沒有

超越不了的障礙，你的人生旅途就不容易顯現出令人煩惱叢生的僵局；如果你相信人生不如意事必十之八九，你的生活中陰天自然會比晴空多出數倍。如果你想做一個成功的人，就不要害怕接受壓力；相反，你要去迎接壓力，並接受成功者的指導。因此，在面對僵局時，我們應該時常想到巧匠對於再難開的鎖也能解得開；妙手之所至，再難思索的玉石也能被雕琢成良好的器皿。一個真正有智慧的人，面對再難化解的僵局也能夠輕而易舉地打開困境。

僵局是由人的不同觀念造成的，當然也可以用觀念來化解。尤其是經營人的事業，面對人類觀念與態度的困境更需磨練出衝出重圍的智慧，才能使這份事業長長久久，進而實現永續經營。

那麼，破解僵局的智慧與關鍵究竟在哪裡？下面的觀念值得大家參考：

當一個人處在某種僵局之中時，保持良好的心態是非常重要的。孟子早已有言在先，「天將降大任於斯人也，必先苦其心志、勞其筋骨」。倘若我們能把外在環境的改變都視為強化自己適應力的機會，隨著能力的不斷增強，你距離成功的彼岸自然就愈來愈近了，屆時僵局也會不攻自破。而耐力與毅力也正是古往今來任何一位成功者所不可或缺的重要元素。所謂「滴水穿石」「天下無難事，只怕有心人」說的就是這一點，成功的果實總是屬於堅持到最後一分鐘的守候者。

有了良好的心態，還要善於從僵局中找出路。比如，當挫折和傷害來臨時要趕緊調整自己的心態和觀念，並仔細思量這件事對自己到底有什麼價值，對人生會有什麼樣的幫助，藉此培養自己積極看待事物的思考習慣。

除此之外，要想讓自己不陷入僵局，就要不斷地應變、創新，不留戀過去的成功。因為經驗雖然可以學習，但也有束縛人的一面。一般人大都習慣憑著過去的常識去思考、看待事情，可是世間的事情都不是一成不變的，如果我們只運用以往經驗去評判事情，一定有很多東西無法得出正確的結論，所以未必會成功。

如果環境變化，發現過去的經驗不適用時不及時修正，就會被淘汰或者陷入僵局。我們只有毫不猶豫地面對變化進行改變，才是上策。這是一個「半

第四章 強化服務意識的七大原則

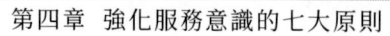

年、一年之後整個社會變成什麼樣子，只有上帝才知道」的時代，無論股價、匯率、天氣如何都是一樣。因此，在這個充滿變化的時代，為了不讓自己陷入僵局，就要先練就一身隨時都能適應變化的體質。

在現今社會中，是成是敗取決於你能精確掌握局勢變化到什麼程度。就像是打高爾夫球，需要逆風揮桿的時候，很多人都會覺得「真是倒霉」，因為當下很難預料球會飛向何方，球桿非要擊到最佳擊球的那個「甜蜜點」，才能交出一張漂亮的成績單。這時，平常練習的實力就會直接展現在擊球的結果上。換句話說，將逆風的情勢反過來當成一個機會，是成功者必須具備的態度。

「創業不易，守成惟艱」說明的是成功的局面之難以持久，似乎就像自然現象中的「人有悲歡離合，月有陰晴圓缺，此事古難全」。不過，在人類的文明史中記載著許許多多「人定勝天」的實例，意味著我們只要不斷地提升意志力與品格操守，天下的難事最終都能被化為繞指柔。以下幾個打破僵局的方法供大家分享：

（1）凡是僵局出現時，應以低姿態來緩和局勢，切忌抬高架勢、盛氣凌人，以免局面愈鬧愈僵。

（2）一旦產生僵局，最好能以君子之風先行認錯道歉。懂得自我反省的人往往不會是輸家，反倒是強詞奪理的人會增加別人內心的鄙視。

（3）因意見不合造成僵局時，不妨先讚美對方；如果讓他感受到你的善意，僵局也就不難解開了。

（4）發生僵局的起因大都是雙方斤斤計較利害得失；如能適時地退讓，則必然峰迴路轉，柳暗花明。

（5）笑容、親切、風度與禮貌都是解開僵局的不二法門，所謂「舉拳不打笑臉人，惡口不罵讚美者」說的就是這個意思。一旦春風徐來，寒冰還能不破解嗎？

（6）如果知道對方對我們心存芥蒂，不妨請他信賴的好友從中疏解，或是有意無意之間，儘量在其背後說好話、盛讚其人，若由第三者不經意地轉述入對方耳中，很可能會收到破冰的效果。

登高必自卑，行遠必自邇。上面提到的一些解決僵局的方法看似簡單，如果我們能切實篤行，必有無堅不摧、無敵不克的效果。綜合世間的所有問題與困頓，幾乎無一不是由人而起，由人與人之間互動的僵局而生。因此，下面的智慧之語不僅要與克緹人分享，也要與期望自我提升的人士共勉：

講話要含蓄，切忌太露；

態度要委婉，切忌太直；

處世要圓融，切忌太硬；

做人要深厚，切忌太苛。

▎為顧客創造價值

林肯年輕時曾和人合夥開店。有一天，店裡來了一位女士，買了東西後付錢走人。當晚，他結帳時發現多了六分錢，原來是這位女士多付了。錢的數目並不大，而且林肯也不是故意要找錯的，但他還是在泥濘的道路上跋涉了三公里來到了這位女士的家。女士開門後驚訝地問道：「你幹麼大老遠跑來這裡？」

「我發現我找錯了錢，這裡有六分錢是要還給你的。」林肯微笑地答道。

很快，這個故事便在鄉間傳播開，林肯便被戴上了誠實的美冠。

林肯是少數成為政治人物後還能被認為具有誠實這項美德的人，他在世時就擁有「誠實的亞伯拉罕」稱號。林肯不斷提升自己的品格與操守，也因此得到了民眾的信賴。

不知道你有沒有思量過，你給同僚的印象是什麼？給親朋好友的印象又是什麼？這些印象會影響你的發展前途，因此我們有必要認識一下「個人品

牌印象」形成的幾大元素。簡單地說，個人品牌印象是內在修為＋外在表現＋營銷策略的結果，具體說來則可包括以下八點：

（1）適宜的外表：無關個人美醜，是指你的服裝、髮型、鞋子、配飾是否得體。

（2）表達能力：是指你與人交談時，會不會使用對方可以理解的語言，讓別人百分之百地理解你的意思。

（3）禮儀應對：你的語言與肢體動作是否有禮貌，行為舉止是否令人喜歡。

（4）專業能力：無關你的學歷有多高，而是你真的能應用在業務裡具有價值的專業能力。

（5）熱情：對人、事、物都抱著正面的態度，對工作認真、執著，努力不懈。

（6）解決問題的能力：無論是公司或朋友的問題，你都會找出問題的原因，並能夠及時地解決。

（7）溝通協調：能注意到人際關係與團隊協作的重要性，有很好的溝通能力。即使碰到問題，也能先與對方盡力溝通。

（8）情緒管理：面對挫折或挑戰時能冷靜處理，而不讓情緒影響自己的判斷或表現。

瞭解了品牌印象的內涵之後，接下來你要為自己定位，要能從顧客的角度看自己。因為你的個人品牌的好壞由顧客說了算而不是你自己。有些品牌之所以成功，關鍵在於它可以為顧客創造價值。以我們這個事業的工作環境來說，用最值得信賴的態度充分滿足顧客的需求並為他們創造價值，就是打造自我品牌的不二法門。

「個人品牌」是別人對我們的既定印象，它存在於生活中的每一個關鍵時刻。例如，顧客進門之後生意會不會成交？顧客對你能否有非你不可的忠誠度？重要職位出現空缺時，你是不是眾望所歸的人選？年終，你的考績和

分紅能夠有多好⋯⋯凡此種種問題，答案即見分曉。所以，你的品牌會決定你的成功之路，你的品牌價值也會等於你在公司與顧客心目中的價值。

事實上，「克麗緹娜」早已是市場上知名的品牌。在這個階段提醒大家打造個人品牌，必能在相輔相成的優勢下讓克緹人事半功倍，既贏了面子，又得了裡子。

我們這個事業自創立至今，一向以「做自己的主人」為目標，吸引有創業精神者加入這個大家庭。代表主力產品品牌的「克麗緹娜」招牌，已被數千家經銷商高掛在臺灣和大陸各個城市的大街小巷。但在資訊瞬息萬變、社會環境高度講求創新的 21 世紀，我要問問每一位為「做自己主人」而來的事業夥伴，你是否知道，除了你所銷售的「克麗緹娜」系列產品之外，你本身也是一個不斷創造價值的個人品牌嗎？

其實，有一些金融服務產業的銷售人員早已在自己遞給客戶的名片上併陳公司名號以及個人照片。這意味著他所銷售的不只是那個眾所周知的大企業，還有他個人的專業、服務、品德等。因此，經營「個人品牌」已是生活在行銷導向的 21 世紀裡的每一個人所必須認真面對的大趨勢。

根據我的觀察，凡是能用誠實、正直、負責的心態累積自我形象的人，必然能日漸成為商場上的金字招牌。在展現高尚的品德之餘，如果還能再提供讓顧客獲得更多價值的「非常服務」，顧客一定會忠貞不二地跟隨回報他。

我一向相信，在人生的旅程中發生在成功者身邊的故事最值得我們學習和品味，同時我們也最容易從中汲取到寶貴的經驗和教訓。凡經得起時空考驗的成功者，都具有值得讓人學習的道德與修養。因此，成功絕不能靠僥倖，成功靠的是日積月累的自我修煉，而持續的修煉本身就是一種吸引力十足的領袖特質。

同樣，我們要想打造讓客戶信賴的品牌，就要培養自己的信譽。古往今來高尚的品格有很多，尤其以信守承諾、說一不二最為重要。同時，在團隊合作中信任感能使人們心手相連，共同突破重重困難，抵達成功的彼岸。

提升做事的熱情同樣有助於打造我們自己的品牌。如果你願意培養自己的熱情和熱忱心，你將會變得更加自信，更能從容不迫地面對當前的一切，能更好地為顧客創造價值。麥克阿瑟將軍在南太平洋指揮盟軍時，曾把這樣的一段座右銘掛在他的辦公室裡：

你有信仰就年輕，疑惑就年老；

有自信就年輕，畏懼就衰老；

有希望就年輕，絕望就年老；

歲月刻蝕的不過是你的皮膚。

但如果失去了熱情，你的靈魂就不再年輕。

麥克阿瑟的座右銘，是對熱情和熱忱的最佳禮讚，也是其個人形象的最佳寫照，希望他的座右銘也能成為激勵我們以更高的熱情服務顧客的動力。

第五章　「一粒麥子締造一個王國」

生命本身就是一場花開花謝。

含苞時的醞釀，綻放時的激情，枯萎時的沉澱，不只是生命的過程，其蘊含的精神更可以不朽，物質雖已不復，精神的餘香卻繞梁不絕。

分享和傳承讓每個人都能得到生命的精華，同時讓自己的生命再伸展，並且真正體會到「把一生的成就散播至無限寬廣」的樂趣。我們這個事業猶如麥子結出麥穗。從兩三粒開始，生長到百粒、千粒、萬粒……最後成為一片麥田，而麥子的精神正是我們這個事業的精神。一粒麥子掉在地裡會長成一整叢的麥穗，一粒麥子可以締造一個王國！

▎新時代，新營銷

針對目前「少子化」「高齡化」與「網路化」的趨勢，全球趨勢大師大前研一博士站在環顧世界的制高點上，率先揭示了消費市場未來的新金礦──「一個人的新經濟」。

據統計，臺灣平均每戶家庭人口數在20年內減少了將近3成。同時間，由1～2人組成的「迷你家庭」人口數占臺灣總人口的比重增加了50%以上。這顯示目前全臺灣約有800萬人是處於單身或兩人家庭的「類單身」生活狀態。如果再加上離開家鄉的工作者、出外就讀的學生、不時出差的商務族群……「類單身」族的比例勢必更高。

此外，「不婚」和「不生」的社會風氣也加速了臺灣社會往「單身化」偏移的趨勢。過去10年，臺灣人的結婚率一直呈下降趨勢；更有調查發現，25～44歲的單身適婚女性中竟有多達18.5%的人打算終身不婚。這說明了，在「一個人的新經濟」時代，結婚生子並非既定的人生路徑，傳統的「五子登科」（妻子、孩子、車子、金子、房子）的觀念也並非是每一個人的人生追求。

這樣的現象對於消費市場究竟有何影響呢？「迷你家庭」成為主流，不僅代表每戶的購買量下降，忙碌的生活形態，更會縮短消費者的選購時間，大家購物的耐心也會愈來愈減少。

21世紀以來，科技的進步和世界人口結構的明顯變化，逐步造就了不同的消費形態與生活模式。同時，席捲全球的通貨膨脹影響了人們的消費行為。不過，誰能掌握變動的先機，誰就會成為通脹時代的贏家。

21世紀的這種新社會現象，《遠見》雜誌即率先宣告，從性別、年齡、職業和收入去鎖定主要消費族群的時代已經過去，如今消費者的面貌正隨著多元化社會、多元化的價值觀和生活形態的變化而發生重大變革。更明確地說，消費者正進行著一場全面性的混沌運動。

如今的社會中，普通人也有消費奢侈品的慾望、老人有變年輕的能力、男人想要扮演女人的角色、單身的人也可以組成家庭、家庭正在解構、虛擬和實體的世界愈來愈接近……這些被稱為「混沌消費者」的現象，也是營銷研究領域開創的新名詞。其背景是個人意識抬頭，消費者堅決想做自己，不想從眾，但有時又想要當別人，變成不是他自己，因此產生了許多「不該擁有，卻想要擁有」的狀況。這種新的時代特徵主要體現在以下幾點：

新族群：

「核心家庭」愈來愈少，家庭結構的主流將移轉至「一個人的家庭」。「一個人的消費」有兩個特點：一是沒有中間地帶，二是一樣米養百樣人。

新通路：

為滿足「再貴也要愛自己」的心理，消費者愈買愈精簡，講求對味而非便宜。大前研一歸納，多數一個人生活者並不需要廉價、量多的商品，他們的消費主張是「即使不便宜，也要購買自己喜歡的東西，而且對愛用品牌絕對忠誠」。

新營銷：

過去網路賣得最好的是在哪裡買都一樣的左腦型產品，如今那些需要確認、試用的右腦型商品透過口碑營銷也開始大賣。

新商圈：

　　提供集中購物的附加樂趣。宅經濟當道，只有消費點數才能吸引消費者。

新價值：

　　品牌生存要創造知覺價值而非依賴打折。在「一個人的新經濟」下，精緻化、個人化的消費觀再度抬頭。產品要創造價值，不能迷信大量標準化製造以降低成本，削價競爭也不再是經營的靈丹妙藥。

　　未來10年內，消費者將普遍在年齡、性別、科技、收入和生活形態上產生新的變化，出現許多無法解釋的矛盾行為。例如，老人可能受到孫子的影響變成御宅族，甚至和兒女們一起上網購物。因此也可以針對老人販賣年輕宅男的商品，媽媽也可能受到女兒影響，變成年輕熟女，會彩繪指甲，穿少女服飾品牌，他們喜歡分享女兒偏好的音樂、電視、服飾或雜誌，甚至和女兒一起出入同樣的餐廳和酒吧，聽別人恭維地問：「你們是姊妹嗎？」

　　調查指出，消費者的這種轉變，除了整個社會的價值觀多元化、兩性平等、家庭解構之外，創新科技與技術成熟以及消費者自我意識的覺醒都是關鍵因素。

　　值得注意的是，消費者的混沌化已和全球化的趨勢一起進入地球村的各個角落，而網路和科技的普及更加速了消費者的混沌。

　　面對一日千里的高科技發展，大家顯然是既期待又怕受傷害。因此，有專家直言：21世紀最重要的課題便是探求人生的意義，釐清科技與人的關係。網路是一種媒介，讓消費者有機會快速接觸到不屬於自己這個族群的資訊。網路也是一種擴大器，讓接受到這些原本不屬於自己資訊的消費者被影響、被改變，甚至進一步去影響別人。

　　提起科技產品，已然和我們的日常生活相結合的首推電腦及行動電話。

第五章　「一粒麥子締造一個王國」

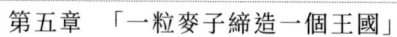

　　各行各業的人都感覺到，以往靠人力完成的諸多生產線漸漸被電腦取代。凡是不用電腦或是用了電腦但未進入網路的人，在資訊的取得與吸收上多是慢半拍。資訊代表機會，缺乏資訊往往意味著輸掉了機會。換句話說，為了在第一時間內掌握最新訊息，與高科技的代言者——電腦共同生活、相伴左右已成必然之勢。

　　然而，電腦畢竟是新時代的產物，還是有很多人對它抱著「敬而遠之」的態度，靜觀其變。不過，時間並不站在「敬而遠之」的一方。電腦科技千變萬化，升級的速度尤其驚人。為了溝通的效率及資訊傳遞的便捷，電腦化的浪潮將湧向每一個人。

　　顯而易見的是，一個不懂上網的人，其接觸到的資訊會變得非常貧乏，和同儕的互動也會受到限制。另一方面，未來的人成長在多媒體與電腦結合的環境下價值系統改變，有人預言，將會產生資訊太多、太雜亂、太表相、太匆忙的困境……

　　在新科技快速發展的過程中，如何善用網路的好處而避免科技對文化及生活產生的負面衝擊呢？他們所強調的是人性關懷的重要。相對於整體社會文化受科技衝擊後的失調，我們這個事業擁有慈善、博愛的感恩企業文化，能夠更好地應對這股時代潮流的考驗。

　　我於1990年代初期提出「六大信條」，幾乎完全針對人性關懷，每一條都以促進人際關係的和諧、人與人的相互提攜而設。過去，我們這個事業曾在人際資源的拓展下發揚光大。未來的時代，網路資源或將漸次取代人際資源，但人類內心那股企盼關懷的原動力將永遠無可替代。

　　因此，21世紀的科技與人必須相生相長、相互依存。一旦科技淹沒了人性，人類存在的價值將受質疑。夥伴們如何在學習新科技時不忘人文關懷呢？遵循「六大信條」是唯一的解決之道。

　　據趨勢大師大前研一的分析，高齡化、少子化，再加上近幾年日漸風行的網路化，結合在一起會加深「宅經濟」的比重。這樣的生活形態不需要出門，每一樣商品都可以宅配到家，自己的房間往往就是一個人的全部空間，

導致社交生活愈來愈貧乏。而零售通路必須也採取相應的新思維與新營銷方式，一定要改變營銷包裝的概念，為了新顧客、為了單身漢，一定要「小包裝」。

當所有年齡層的家庭結構都以「獨居」為主流，當網路化後的「宅經濟」變成消費主流後，「一個人」已經不再只是一種生活方式，更是一類新族群。「一個人的新經濟」形態不僅能創造出新通路、新營銷，更能造就出一個新商圈、新價值。而大前研一所看到的新金礦，正是「一個人的新經濟」所帶動的消費新市場。

「一粒麥子締造一個王國」

每一個成功者的背後，都有一種執著的精神。

20 年前，陳武剛博士憑藉著自己深厚的生化知識與專業研究，研發出一種全新的溫和潔膚產品──克麗緹娜 E.P.O. 潔容霜。當時，市面上多為弱鹼性潔面產品，克麗緹娜 E.P.O. 潔容霜打破傳統的清潔概念，成為克麗緹娜品牌中最資深的明星產品，也成為日後克麗緹娜美容王國逐漸壯大的奠基石。

創於 1989 年的克麗緹娜國際營銷事業，如同一粒麥子締造了一個王國。20 年來積極的發展，已由原先單一產品線彩妝保養品，進而擴展到健康食品、衣飾品及健康用品 4 條產品線，儼然形成全方位的健康美容營銷體系。截至目前，經克麗緹娜專業訓練的營銷人員已經高達 10 萬人以上，足跡更遍及東南亞、日、韓、歐美等國家和地區。

「一粒麥子締造一個王國」，在 2010 年，中國企業新聞網曾經這樣定位我們的事業！

事實上，我們能以「一粒麥子」的精神締造健康美容事業集團，並不單是我個人能力所及。作為最初的那顆「麥子」，我只是把經營事業的理念分享給夥伴，然後經由大家的努力共同達成了目標。一片麥田的形成還需每位夥伴付諸行動與承擔起傳播理念的重大責任。

第五章 「一粒麥子締造一個王國」

相信每一個夥伴只要虛心學習，放棄自我驕傲的外衣都可以深入以一粒麥子締造的王國，而這項成就已經在諸多前輩身上獲得了證明。當你有能力挑起這份責任時，也相對完成了自我的事業及人格的成長。

我深信，一個成功的人必定具備踏實、勇往直前、有信心且不怕艱難的人格特質。

在這個事業成立之初，我就有一個願望：透過多國貿易，訓練出一批非常有自信、有能力的人，使我們的事業邁向國際市場。

願望的實現除了需要具備優質的產品、精良的訓練之外，最重要的是要具備最寶貴的「資產」——儒家精神。儒家思想是中華幾千年來所薈萃的文化精華，唯有把它發揚到世界各個角落，才能開發出更廣大的市場。

21世紀，儒家思想會逐漸地影響整個世界。我們這個事業就是要將老祖宗的文化傳遞出去，讓全球的人都來認跟我們的做法，接受我們所標榜的倫理與秩序。

儒家精神蘊含在我們的「六大信條」之中。我們的「六大信條」雖只有短短數句，但其中蘊涵著中國古老的倫理哲學，幫助我們在短短數年內就征服了許多消費者。它使我們有信心進軍世界五大洲，使我們的事業在每個國家生根發芽、茁壯成長。

那麼，支撐我們事業的「六大信條」所要傳播的理念是什麼呢？即「放棄小我，完成大我」。小我意指全世界70億人口中每一個渺小的分子。但是，一個人如果能用自己的能力影響他人，使之在知識、事業、生活等各方面都變得更好，這就成為大我。到此階段，自然也會使小我變成一顆具備實質意義的種子，完成大我的昇華。

我們這個事業就是憑藉信條的力量，在短短數年中創造了世人眼中的奇蹟。事實上，這個成功不是奇蹟而是必然，因為我們把中國的儒家思想發揚光大了。

「一粒麥子締造一個王國」

大陸江西師範大學的教授曾寫了一本書闡述我們這個事業的精神，無異肯定了每一位奉行「六大信條」的人。因此，我非常感恩祖先留給我們如此寶貴的資產，也恭喜每一位夥伴都能在個人的崗位上發揮潛能。

我們的事業是一個創業型的事業，考驗在於你是否能以實際而具體的行動落實「委身」。「委身」不只是電影畫面中動人的對白，必須要腳踏實地耕耘、日復一日地努力。為了使創業成功的美夢實現，就必須拿出魄力與勇氣斬斷一切不利於這個結果的荊棘，建立有利於成功的習慣、環境、氣氛，甚至是人脈。

相互委身的誓言是維繫婚姻的靈魂，是對婚姻的忠貞和與子偕老的信念。就成功來說，如果你能夠像承諾婚約那樣，對自己的另一半無怨無悔、不厭不倦，對自己的事業亦無怨無悔、不厭不倦，就已有幾分成功的氣息了。

成功是每個人的夢想，「委身」才是實現夢想的關鍵。無論是世間的任何一種關係，大至元首之於國家、小至學生之於學業都是如此，我們的事業亦不例外。

「委身」的意義不同於一般上班族習於朝九晚五，聽到下班鈴響就自動停止工作，即使耽誤了客戶的需要也在所不惜。如果做自己事業的主人也是如此，必一敗塗地。

「委身」也不同於一般的「工作狂」式的工作。我們通常所見的工作狂，並不一定出自滿腔的熱愛。很多時候是因為當事人生活單調，沒有培養嗜好，閒時便悶得發慌才不得不埋首於辦公室，藉以忘卻生命中需要填補的空白。這樣的「委身」並無益於工作績效，最多只能換得雇主眼中的忠誠，而和發下誓願的熱誠相許相距甚遠。

近代經濟中的「股份制」，可以說是讓上班族真正「委身」工作的催化劑。因為在企業中投入了自己的資財，企業的獲利與否直接影響個人利益，真正的委身關係於是開始。股份制的例子在高科技產業中屢見不鮮，因此科學園區的辦公室常可見燈火通明、愈夜愈美麗的工作畫面。很多人心甘情願地交

付青春歲月，以十數年的時間換取後半生的空間。相形之下，這樣的「委身」就顯得更為主動、積極，也更能激發出生命潛能的火花。

即便如此，如果和「做自己事業的主人」相比，只擔負些成敗關係的股份制就又顯得略遜一籌了。「做自己事業的主人」的事業則捨我們克緹而無其他了。

我們的事業恰如「一盞明燈將指引你正確的方向，多盞明燈卻使你迷失方向」。這句話怎麼解釋呢？

比如桌上有一顆蘋果，甲說它是蘋果，乙說它是梨子，丙說它是橘子。其實這不過是名稱不同罷了，只是一開始有人稱它是「蘋果」，於是約定俗成，沿用至今。你只要跟著前人稱呼即可，如果另創名詞反而混淆視聽。一個人如果思想混濁，將會失去立場無以生存。

又比如有一個病人，第一個醫師叫他吃甲藥，第二個醫師叫他吃乙藥，第三個醫師說兩種藥都不能吃，要吃丙藥，最後這個病人變得每個醫師的話都不相信了。

我們可以從上述例子得到一個啟示：作為一個指導者，你可以害人也可以造就人；作為一個學員，你如果沒有自己的中心思想，就很容易走上失敗的不歸路。我們事業的中心思想是什麼？就是「六大信條」，就是跟隨成功者的腳步走，心無旁鶩毫不猶疑。

我們可以從周邊開始，與自己的親朋好友建立緊密的關係，給予其正確的理念，協助他們拓展良好的人際關係。然後再不斷地去幫助、施予更多的人，把愛綿延得更長遠，如此你便會被人敬仰。

我們所從事的事業正是生命的延續，我希望每一位夥伴都能夠不存私心，把你在這個事業中所學得的成功之道進行大眾化的延續。分享給親朋好友、下一代以及周圍的每一個人。使每個人都能得到生命的精華，同時讓自己的生命再伸展，並且真正體會到「把一生的成就散播至無限寬廣」。

你可以使每個人因吸收你的理念而獲得成功，你的生命便將無所畏懼。更簡明的解釋就是，讓我們把這樣的理念與生命推廣到其他人的身心上。

我們這個事業猶如麥子結出麥穗。從兩三粒開始，生長到百粒、千粒、萬粒……最後成為一片麥田，而麥子的精神正是我們這個事業的精神。

我們事業的締造過程足以證明，一粒麥子掉在地裡會長成一整叢的麥穗，而這一粒掉在地上將要發芽的種子，可能就是你！

▍營銷，政治和生活的統一

2009 年 4 月 12 日，克緹（中國）集團投資 1.5 億元的上海松江新工廠正式啟用，同日，由中國青少年發展基金會攜手克緹共同實施的希望工程「燃燈計劃」也正式啟動。中國國民黨有關高層、上海市相關領導、中國青基會相關負責人、克緹國際集團及克緹（中國）相關管理層應邀出席並為工廠剪綵揭幕，也為克緹（中國）即將正式開展的業務造勢預熱。

那麼克緹所在的業界，究竟是何種狀態呢？

從現行形勢看，臺灣的營銷業正隱隱掀起一波改頭換面的新浪潮。在這一波浪潮裡受到震撼的不僅有經營者，更有許多從業人員以及潛在的愛好者，他們拭目以待，期望在變動的趨勢當中發現新的可能性，以此為自己的生涯重新定位。

理想的營銷生涯究竟該是什麼樣的面貌呢？事實上，在我們這個事業的經營規劃裡，早已見諸文字並行之多年。多年的從業經歷讓我得出這樣的結論：「經營政治化、方式生活化」。希望所有的夥伴對這十字箴言都耳熟能詳！

關於事業的發展，成長與穩定孰輕孰重是我經常深思的問題。解題的答案來自於前中國國民黨榮譽主席連戰的一句話。他曾在蒞臨克緹十週年慶現場講演中說：「好的政治就是一種好的營銷。」這句話十分有創意地把從政與營銷聯繫起來。他數度表示，我們這個事業的做法和他的理念「一模一樣」。連戰主席的這番話深深地鼓舞了「一路行來始終如一」的我們。

政治是一門管理眾人之事的學問，而營銷亦是一份與人密切相關的事業，人文色彩相當濃厚，就這一點來說，兩者一如手心與手背實有密不可分的血緣關係。

第五章 「一粒麥子締造一個王國」

　　首先，營銷和政治都重視效率。營銷業是透過減少層層中間商降低成本，給顧客最優惠的價格、最直接的服務的行業。快速反應民之所欲，以便為民眾提供更好的服務；換句話說，有效率的服務同是政治家和營銷業者存在的基礎。

　　其次，營銷和政治的客戶都是人。人的思想因為不同的刺激而時時變換，所以要掌握客戶便得面對面地充分溝通。業者透過溝通瞭解顧客的需要，也讓顧客充分瞭解產品的特性；政治人物則因溝通的結果讓政府政策符合人民需求，政策推動起來更能事半功倍。

　　再次，營銷的產品和政治人物一樣要不斷接受監督和檢驗。產品如果品質優良，再搭配十分的誠意，自然就會一傳十、十傳百、百傳千，客戶滾滾而來；民主時代的政治人物亦多半得透過選票的肯定才能蟬聯。

　　最後，營銷和從政都得「時時服務」。傳統的銷售有「貨物出門，概不負責」的缺點，因此，貨物出門後負責到底、服務直至客戶滿意為止的營銷業才會如火如荼。政治人物也是一樣，不能選上了就跟選民說「下次見」。政治家如果沒有持久的服務，將很難贏得選民持久的支持。

　　值得我們借鑑的是，選民的選票足以影響政治人物，他們有絕對的自主權力；營銷亦屬個人行為，顧客一旦感覺不對，就會摒棄所選的產品。

　　照這樣的思考邏輯引申下去，我們可以細細體會到，治理一個國家和經營一個公司其實也是大同小異的，兩者都要秉持相互回饋的精神才能成長壯大。在政治領域，候選人平常的作為是能否被推舉的依據；營銷亦然，內在邏輯絲毫不差。

　　我們再看營銷業經營中的問題。與政治穩定和發展相比，國家需要成長，但成長需要穩定做後盾，兩者不可分割，更不能背離，這個原則放之四海而皆準。透過對諸多政治問題的思考，我發現很多經營的難題都迎刃而解了。

　　很多公司在邁進高峰期後常常面臨瓦解的窘境。它們過往的輝煌危在旦夕，大都因為一味追求成長而疏忽了穩定。然而，當瓦解後再想追求成長則

是一條漫長艱難的道路，這一點不容不慎。因此，假如我們能以治理國家的心情，小心謹慎地經營以人為本的事業，成功的目標即使不達亦不遠矣。

營銷事業的經營發展可以借鑑政治的思路和觀念，而方式則可以從生活中得到更多的啟迪。「營銷生活化，生活營銷化」是被大多數夥伴所接受的營銷方式。

回想一下，這樣的經驗是否在你的生活中不斷地上演呢？看了一場精彩的電影，回到家忙不迭地要告訴身邊的人；讀了一本好書，回味無窮之餘，也一定會和品味相投的好友分享一番；就連發現了一家好餐廳，大多數顧客不也都會免費地代為宣傳嗎？營銷口耳相傳的方式亦是如此。因此，營銷就是這樣生活化地發生在你我四周，一波接著一波進行著。

只不過，如果不透過有制度、有系統地處理這種口耳相傳的營銷行為，類似的分享充其量只為你贏得熱心的口碑，並不會帶來實質的利益，也並不會因此改善你和家人的生活。

再看工作者的工作時間和地點。儘管營銷的過程高度專業化，不過有趣的是，從事的人並不需要像其他行業的工作者一般，朝九晚五地被框鎖在一個固定的空間裡，用時間換取波動甚微的報酬。更有甚者，營銷技能幾乎是人人都有潛能獲取的瑰寶。加入這種工作的條件很簡單，只要你有一顆樂於分享的心，願意把自己實際體驗過的好產品真實地推薦給身邊需要的人就可以了。這種沒有時間和地點限制的工作方式也更加的生活化。

「生活營銷化」則是讓營銷事業成為生活不可分割的一部分，把口耳相傳的推薦變成富有實質內涵的分享，從而達到雙贏的結果。我們不僅擁有正派、領先的企業形象，更有許多榮獲「正」字標記的優良產品，商譽卓著。因此，無論是全時參與或兼職從事都可以享受到生活質量日漸提升的成果。

生活化的營銷並不會占用你過多的時間。時間對每一個人而言都是公平的，一天二十四小時，主要看你如何規劃、做何分配。如果你是上班族，你可以在閒暇之餘跟同學、老友聚會，說些無關緊要的無意義的話語後毫無所獲的空手而回；你也可以用從事副業的心情，在與人相聚時，有所準備地把

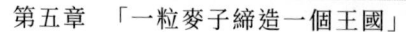

值得分享的好產品誠心推薦給他們。長此以往，不僅你自己將因此獲利，生活質量得以不斷改善，就連生命的視野也會因為人際關係的拓展而日益開闊。而你的朋友們亦將得到和你一樣的好運，大家變成一個互助互利的良性循環的幸福聯結體。

在不占用大量時間精力的前提下，營銷能為你帶來意想不到的財富收穫。以白領階層的上班族為例，若要等待每年微幅調薪來改善生活水準，往往是緩不濟急，甚或所加的薪資已被通貨膨脹吞噬殆盡；如果能夠善用上班以外的閒暇，把自己親身體驗的好產品推薦給諸親好友，在我們事業的現行制度下就會聚沙成塔地慢慢累積出一筆財富。短期而言，貼補家用或添購價值較高的用品必然易如反掌；長期來看，若能持之以恆地努力做下去，或許會有一筆可觀的退休金在等著你也說不定。這樣的美夢隨時都可以兌現，只要你善用時間、開拓人際，即可實現夢想。

為了更好地服務克緹事業的夥伴和客戶，我們還開設有網路訂購產品的平臺，兩天之內便可把貨品直接送達，節省以往舟車往返的取貨時間，以便夥伴們能全力拓展人際網絡，發揮一己之長才。

▌朝陽行業，助力人生

2010年，牛津英文字典選出了「squeezed middle」（被壓榨的中產階級）做為年度的代表字語。它代表著經濟不景氣，民眾飽受通貨膨脹、薪資凍結之苦，但又無力改變的「倍感壓榨」的狀態。

2012年，隨著歐洲「豬國」（PIIGS，即葡萄牙、義大利、愛爾蘭、希臘、西班牙）債務危機的日益擴大，全球經濟的景氣能見度愈來愈低並導致前所未有的中產階級失業潮。「世界之都」紐約有上班族在被公司裁員後，過起了艱難的苦日子。因為次級房貸的金融風暴，不少人在房、車都被迫拍賣後妻離子散，過著居無定所的遊民生活。他們穿著筆挺的西裝，出現在領取失業救濟金的窗口，要靠抽籤決定自己當晚能否安睡在收容流浪漢的行軍床上。人群中，或許就有以往坐領高薪的華爾街精英夾雜其中。

世間的景象總是風雲變幻，此情此景著實讓人深感五味雜陳。全世界的經濟形勢仍然籠罩在一片陰暗中，固然會影響許多人的就業機會，但如果你仔細觀察就會發現，仍有不少人和企業就像那愈冷愈凝香綻放的梅花始終屹立於風雪中，展現著傲人的生存之道。其中，營銷行業正像捎來喜訊的春燕一般成為對抗失業大潮的中流砥柱。

為何營銷行業能夠在寒風中傲立呢？什麼才是足以抗衡人生逆境的王者之道呢？

我相信，「生於憂患，死於安樂」的憂患意識是成功者必備的人生態度。如果能夠正確地認知到，宇宙間唯一不變的真理就是一切都在變動，我們就能居安思危，意識到終生學習的重要性，並不斷地培養自己各方面的能力以從容應對自己面臨的問題。

開創克緹事業之後，我更充分體驗到以往的每一步修煉都是創業的基礎。在這個以人為主的事業裡，培養自己與他人的溝通能力可以說是必備的入門要求，而每一個良好的人際關係，無不建立在對人誠實、正直、負責的態度上。一旦這樣的人格特質在日復一日的修行中逐漸彰顯出來，自然就會有很多人願意與你相處，成為能夠扶植你事業成功的好夥伴、好朋友。

當你走進克緹事業後，你不僅會結識免費為你進行專業指導的前輩，更會逐步接觸到經營、管理的事務。透過前輩的經驗傳承，你必能領悟到一般白領或工薪階層很可能一輩子都無緣學習的內容——如何做自己人生的主人。可以說，這是一個終生都在塑造自己的行業。

多年的從業經驗和切身體會讓我相信，從事克緹事業可以提升一個人的自我管理能力。作為20世紀最被企業界推崇的管理大師，彼得·杜拉克以90歲的高齡推出了一份獻給人類的大禮——他的新作《21世紀的管理挑戰》，在書中他詳盡地闡述了管理中的多個熱門議題。

比如，針對如何提高知識工作者的生產力這一問題，彼得·杜拉克表達了對自我管理的高度認同。他認為，工作者必須瞭解以下重要因素：

（1）任務為何；

（2）能管理自己的生產力，同時要有自主性；

（3）能不斷地創新；

（4）能夠持續不斷地學習，以及持續不斷地教導；

（5）不只是量的問題，質也一樣重要。

　　事實上，有愈來愈多職場上的人需要學習經營管理自己，還要懂得儘量發揮自己的特長，以及應當在何時改變自己所做的事，並知道如何去改變。杜拉克的 21 世紀自我管理之道簡直就是為營銷工作者所設計的，克緹事業同樣可以幫助你提高自我管理的能力。

　　自我管理作為管理的最高境界，也恰恰是營銷行業的最大特點。臺灣科技業龍頭鴻海科技集團董事長郭台銘，是一位白手起家的創業者。他認為透過自我管理達到成功需要具備以下三個步驟：第一，要執著有熱情；第二，一定要有面對挫折的勇氣；第三，一定要樂觀，並學會正面思考。

　　所謂失敗為成功之母，如果一個人從來沒有經歷過連續或者重大的失敗就輕易成功，這樣的成功必然只是曇花一現。因此，我們不能害怕失敗，更不能在挫折面前止步不前，而應當積極尋找成功的辦法。天底下沒有完美的辦法，但絕對有更好的辦法，我們一定要想盡各種辦法解決困難。要記住，真正能夠打敗自己的永遠不會是別人，一定是自己。因為，在我們遇到挫折時，有權利說放棄的只有自己。

　　郭台銘董事長送給青年的三部曲，以期許年輕人培養成功者的特質，和克緹事業的經驗不謀而合。過去，我們不斷地用「六大信條」來共同砥礪，並面對詭譎多變的未來。如今，我們的事業所信守的最新箴言將是──勇於自我培養的人、自我管理的人終得成功。

　　要想成功實現自我管理，必須要清楚地認識自己的長處，這在 21 世紀顯得特別重要。還有非常重要的一點是，要改正那些會妨礙我們良好表現的不良習慣，而且願意不斷學習；還要根據自己擅長的學習方式來不斷充電，讓我們的觀念與時俱進，這是任何一個人在 21 世紀有所成就的關鍵所在。

管理學之父杜拉克同時提醒所有的工作者，要實現成功的自我管理還有一個先決條件——及早準備，其中包括心理準備，也包括實際的行動準備。未來的知識社會是一個崇尚成功的社會，而一旦你在心理上選擇了與克緹事業同行，便意味著已踏出了成功的第一步。

克緹事業能夠幫助你贏得人生的第一桶金。第一桶金是人生中的第一筆關鍵性財富，它能夠讓你初嘗金錢的魅力，也就此種下日後致富的種子。如果你建立的是好因子，長此以往，金錢就能夠為你工作；倘若所種的是壞因子，你就有可能為金錢勞頓一生。

潛艇堡（SUBWAY）三明治的創辦人福瑞德·德魯卡出身貧民區。他用借來的1000美元起家，經過40年的努力創造出了如今橫跨82國，共有2.3萬多家分店，年營業收入超過1000億新臺幣的全球第五大連鎖體系。

福瑞德·德魯卡歸納自己賺得第一桶金的四個重要關鍵點在於：信用、人脈、堅持與熱情。而這位企業家的致富祕訣也可以說是所有富人的共同特質，更是要賺得人生第一桶金的基本條件。其中不怕失敗和堅持到底是使人致富的重要因子。這也恰是克緹事業要明確告知你的內容。

除了堅持到底的決心之外，對金錢的嚮往與熱情同樣是幫助我們賺得第一桶金的不可或缺的因素。只是我們必須要認清，金錢固然能夠幫助我們實現很多願望，卻不是恆久不變的資產。雖然它每天都在我們眼前來來去去，但我們唯有真正理解它如何來去，才能生出駕馭它的力量。

在這個經濟低迷的年代裡，前人的經驗已不斷告訴我們，營銷事業又將異軍突起，加入我們的事業不僅是能見度極高的致富之路，更是獲取人生第一桶金的絕佳機會。對於營銷事業而言，你應備好挖金的工具，除了堅持與熱情之外，還有信用與人脈。包含著這兩個重要元素的財富種子不但根基穩靠，更能在日後不斷茁壯成長，最終長成一棵財富的大樹。

把握人生的第一桶金絕非遙不可及的夢想。克緹事業集團以扎實的經營建立了自有品牌的信用與人脈，歡迎大家秉持著「賺得第一桶金」的堅持與熱情，一起來分享克緹事業的資源，在這裡栽種出屬於自己的財富巨樹。

第五章 「一粒麥子締造一個王國」

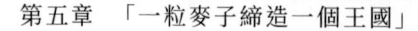

▍開拓通路，贏在起點

　　在日本著名的松下公司，創始人松下幸之助曾經以自己的人生體驗寫出了這樣一本極富智慧的名作——《路是無限寬廣》。其中有這樣的一段話發人深省：

　　「在社會景氣欠佳的情況下，人會不由自主地感到焦躁不安，然後變得漫無目標。我們要想把前進的步伐走穩，首先要從處理好自己眼前的事情開始做起。我們首先要把家人和親屬照顧好，再將住處整理得井井有條，在平日裡要端正自己的舉止，以安定的心去增進夥伴之間的繁榮。」

　　他在這一番話中提到的要求，也正是有志走出屬於自己的道路的人在出發時應具備的心理素質。

　　路，一個簡單的字眼，卻有著極其豐富而重要的內涵。就中國文字的象形角度剖析，路字左邊的「足」代表腳，右邊的「各」代表個體，兩邊合在一起意味著每個人腳下所走出的空間即是「路」。

　　關於路的形成，文學家魯迅曾經有這樣一段話：「其實，地上本沒有路，走的人多了也便成了路。」試想一下，在空曠的鄉野，原來是荒涼、僻遠的，沒有多少人煙，偶爾有的只是過路人匆匆的背影。也許因為有人發現了這裡有一段筆直、順暢的捷徑，於是草原上開始出現被人踐踏過的痕跡。當許多人都覺得這樣跨越非常便利，就重複著同樣的腳步，久而久之，終會有愈來愈多的人可以明確地分辨出，這條不長青草的小徑正是一條路呢！

　　魯迅的「路」的觀念是一種拓荒的精神。這個拓荒成路的觀念不僅適用於足下，也可以應用於頭腦，人類不斷開創的科技文明就是一例。自 20 世紀中葉電腦問世，隨即展開了一連串的變革與發展。電腦工程師的思路經過突破再突破，使得新產品接踵而至。曾幾何時，網路已替代了傳統的資訊傳輸工具成為全世界無所不及的新道路。於是，通路造就財路，凡是跟網路沾上點邊的企業在市場站穩腳跟後都能發展壯大，難怪股市裡價格最高的股票總是和光纖通路企業有聯繫。

企業如此，國家亦然。近30年來突飛猛進的中國，崛起的第一步即是城市與鄉鎮的造路工程和四面八方的道路工程。路開通了，不僅使得人們暢行無阻，貨物亦因交易頻繁而日新月異。通路就像一把燎原之火燒出了熱騰騰的市場需求，連鎖店開始林立在大城市的街道上，並且因為交通無礙，最終還敲開了次級鄉鎮的大門。

在中國的經濟起飛和通路亦步亦趨的過程中，我也有幸參與其中。20世紀末，我親自到了大陸沿海地區，嗅到了以通路為主的服務業即將大放異彩的氣息。克緹事業於是開展到了大陸，在上海建立了「灘頭堡」。如今，我們的加盟店遍布各省各市，就連遙遠的新疆也可以見到克緹的旗幟高掛，而正是逐年累計的加盟店形成了我們寶貴的通路資產。當大陸開放這類牌照後，我又在臺灣從業者中拔得頭籌。可見幸運的夥伴在起步之初即可踩著一條條陽光大道，用早已建構待用的通路，四通八達地向大家傳遞健康、美麗與財富的訊息。

其實，通路的關鍵在於起點。人生之路在每一個不同的階段都可以有新的起跑點，如果你剛好錯過了上一個，請千萬別再放過下一個難得的機會。哲學家柏拉圖說過一句名言，「任何事情在開始的地方都最為重要。」一個好的開始往往已是成功的一半，而一個不好的開始卻可能讓你未戰先敗。比如，一場比賽之所以會輸掉，往往是因為參賽者在一開始的時候就跟對手站在不同的立足點上。就像一場100公尺的短跑比賽，如果你的對手站在距離終點只有50公尺的地方起跑，即便你擁有打破奧運紀錄的飛毛腿也是很難贏得這場比賽的。

然而，我們要想在經濟衰退的逆境中求勝，與起點同樣重要的還有「贏家的思維」。我們正處於一個充滿變動與不確定的年代，如何才能步步為營掌握制勝的法寶呢？我想，唯有兼具靈活與耐力的人，才能在求生之餘還能保持充沛的活力並最終獲得成功。

在橫掃全球的金融風暴肆虐過後，多數人因驚魂未定對前途失去了方向感，他們不但看不到遠在天邊的希望之光，就連近在眼前唾手即可摘取的果實，往往也未能把握。不過，也有身經百戰、先知先覺的人，把這個半世紀

第五章 「一粒麥子締造一個王國」

來難得一見的財富重整浪潮當作絕地大反攻的起跑點。美國賭城的一位大亨就憑藉著靈活的逆向思考，在哀鴻遍野的危機中進入股市，用短短半年的時間使自己的財富增加了三倍。因此，他的後半生就因為自己正確的決策而穩穩地贏在了起跑點上。

除了贏家的思維，可以讓你贏在起跑點的妙方還有靈活和耐力。不知道大家有沒有看過阿里對福爾曼的那場經典拳王爭霸賽，透過全球的實況轉播，世人目睹了雙方選手可瓜分1000萬美元獎金的「叢林之戰」究竟是如何分出高下的。兩人之中，阿里展現的是靈活，他能迅速察覺並把握機會；福爾曼展現的則是耐力，他能承受重擊並經得起突發的變動。事實證明，能在靈活與耐力之間保持平衡才是最終制勝的關鍵。阿里在「叢林之戰」中贏得了「拳王」的頭銜，憑藉的是他既能保持一貫的靈活，同時也強化了自身的耐力，終於擊敗了自認為贏得比賽已如探囊取物的福爾曼，由困境中脫穎而出。

人生的旅程可以說是一場與時間賽跑的競賽，在開跑之後，很少人能有機會調頭重來。因此，望子成龍、望女成鳳的父母們總是毫不吝惜地付出金錢與心力。無論是哪一種對孩子才藝的栽培，目標都不外乎是讓自己的孩子勝人一籌，能夠贏在人生的起跑點上。

值得思考的是，如果我們在童稚時期並沒有受到特殊的培育，成年以後，還有機會讓自己掌握先機，比別人更能勝任各種考驗與挑戰，做一個遊刃有餘的生命贏家嗎？我們的起點又在哪裡？

我們的事業曾經多次用實際經驗為這個問題的答案直接做出了佐證。選擇加入我們的事業，無異於讓你站在距離決勝點最有利的位置上，只要你願意勤勞地耕耘，在這片沃土上，你的努力就一定會開花結果。

每當經濟不景氣的浪潮席捲各行各業，加入營銷事業的生力軍就會特別踴躍。他們在這裡接受完整的訓練與教育，不僅培養了自己的特長，也發展了人脈，更成為決定自己命運的真正主人。他們的成功展現在方方面面，贏得財富、健康與美麗自不在話下，尤其可貴的是，他們的生命境界也都透過這個歷程而豁然開朗了。

最後，我要特別強調努力的重要性。每一天都腳踏實地地努力工作是讓你天天都贏在起跑點上的利器。

有些人在做事之前習慣等待一個好的開始，或等待好運從天而降。其實，好運並不難尋覓，它就來自於你的不斷努力。我們一定要學會拋開守株待兔的負面心態，去積極主動地做事情。如此一來，我們自然能夠邁著輕快的步伐，靠自己的努力快樂圓夢，用積極的行動來面對每一天的生活。而這也正是能夠讓我們扭轉乾坤的自我經營之道，是通路的根本之法。

還需要我們思考的是，凡甜美的果實無不源自於最初勤苦的耕耘和栽種。消費者享用果實，耕耘者卻擁有創造果實的大樹。那麼在兩者之間，到底誰的效益更高呢？

有一個故事是這麼說的。一群做著淘金美夢的礦工發現了一座價值連城的金礦，但他們必須穿越一條水流湍急的大河方能進行開採。請問，真正的有志之士是在湍急的河流上架設橋梁並以此向行者收取費用的人，還是那些開採礦產的人呢？

通路就像故事中的橋梁，一旦架構起來便可永續經營，收益將是源源不絕的，相比較而言，自會比開採有限的金礦更具發展潛力。

當你走進我們的事業，你便已經找到了架設橋梁的位置，我們自將不遺餘力為你提供開路、架橋的工具。不過，究竟你開出的會是一條康莊大道，還是一條羊腸小道，只有你自己才有決定權。只要你願意廣結善緣，設定目標又能很好地掌握方向，就能夠一步一個腳印地走出屬於你的一條道路。

開拓通路的過程還需要我們具備信心，堅決地相信路是人走出來的，歷史是人寫出來的，辦法是人想出來的。有些人一遇到困難，直接的反應就是想辦法逃避，但如果能換一種態度，把困難當做磨練，把危機化為轉機，用不服輸的毅力超越困境，自會在「山重水複疑無路」中盼得那「柳暗花明又一村」。

第五章 「一粒麥子締造一個王國」

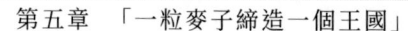

▌新的事業，開啟人生新舞臺

深山中有一座廟宇。有一天，小和尚問老和尚說：「師父，我人生最大的價值是什麼呢？」老和尚沒有直接回答，而是對他說：「你到後花園搬一塊大石頭，拿到菜市場上去賣，任何人問價都不要講話，只需要伸出兩個手指頭。無論給多高的價格都不要賣掉，直接抱回來。然後我會告訴你答案。」

第一天，小和尚將石頭抱到了菜市場，一個家庭主婦過來詢問價格。小和尚伸出兩個手指頭之後，家庭主婦說：「20元，好吧，我剛好拿回去壓酸菜。」小和尚搖搖頭抱回了石頭。

第二天，遵照老和尚的吩咐，小和尚將石頭抱到了博物館。同樣有人過來詢價，小和尚沒出聲，伸出兩個指頭，那個人說：「200元就200元吧，剛好我要用它雕刻一尊神像。」小和尚搖搖頭又抱回了石頭。

第三天，老和尚讓小和尚將石頭抱到了古董店。這次，有人給出了2000元的價格，小和尚又搖了搖頭，抱回了石頭。

老和尚說：「你人生最大的價值就好像這塊石頭，如果你把自己擺在菜市場上，你就只值20元錢；如果你把自己擺在博物館裡，你就可值200元；如果你把自己擺在古董店裡，你卻價值2000元！舞臺不同，你人生的價值就會截然不同！」

人的一生恰如演員在舞臺上的表演。人自呱呱墜地便開始扮演各種角色，初為人子，後為人母或人父，還有可能因事業昌隆扮演大官或大老闆，或者因命運多舛淪為乞丐。「人生如戲」是人們經常說的一句話，也是認真生活的芸芸眾生遲早會感受的生活體驗。

舞臺上的角色分量不同扮相也各異，而無論當事人喜不喜歡，一旦時機成熟，我們扮演的角色便會自動上演。你可以用歡喜心演出這場角色變易的人生大戲，也可以自怨自艾導致一生都悲情不已。不過，一旦人生落幕舞臺不再，即使你還想重頭演起恐怕也再找不到聚光燈與著力點了。

我們所能把握的就是選好自己的人生舞臺，讓自己的生命與眾不同。自創辦克緹事業以來，許多人登上了營銷事業的大舞臺，自此以後他們人生的劇本便與我們克緹事業的發展狀況息息相關。

在這些人中，有的是從沒離開過國門的人；有的是因事業的觸角伸及海外而經常穿梭在不同國度，並時常受人仰望的領導者；還有的是從沒有西裝革履地出入過五星級大飯店或穿著燕尾服參加盛宴的人，他們都因參與我們的事業而得以提升。加入克緹後，他們不僅外在形象發生了改觀，內在人格也獲得了提升。總而言之，他們的人生換了一個舞臺，境界便迥然有異，與之前相比簡直是不可同日而語。

他們在描述自己的心路歷程時，常會異口同聲地說：「感謝營銷事業給了我人生新舞臺。」緊接著，一切美好的事物便在這個神奇的新舞臺上一一展現了。

人生的舞臺之上，除了我們盡情揮灑的汗水和激情，還有席捲而來的暴風驟雨。2008年，百年不遇的金融風暴席捲全球，在密切聯繫的全球化時代，幾乎沒有一個國家能夠倖免於難。過去，克緹也曾遭遇過兩次嚴重的考驗。第一次是在創辦初始的1990年初，臺灣的股市由12000點一落千丈，我們的事業夥伴卻驟然增長，靠著直接推展業務、介紹價廉物美產品的銷售服務，不僅擴大了市場占有率，也讓銷售據點遍及臺灣南北。第二次挑戰則來自1998年的亞洲金融風暴，在灰暗而蕭瑟的市場中，夥伴們依然挺直腰桿向前衝，締造出逆勢成長的經濟奇蹟。

這一次也不例外，雖然各個金融機構在瀕臨崩潰的壓力下不斷裁員，也有不少企業因無力經營而憾然倒地，但是在黑暗中仍舊閃耀著克緹的星火，你看見了嗎？

所謂「一燈能破千古暗」，只要存在一絲微弱的燭光，其能量就有可能因勢利導而逐漸擴大，最終照亮每一個角落。這光亮就像一股逆勢破局的力量，重點在於我們要牢牢掌握住那個力量。對我們這個事業的發展而言，逆勢破局正是我們的市場立基。

因此，儘管金融風暴來得風狂雨驟，大多數人都只看到驚濤駭浪，但在我們這個事業的歷史經驗裡，放眼望去都是反敗為勝的實例。我總結了一條經驗，那就是要相信自己可以成為命運的主人。因此，我希望大家都要努力成就自己，鍛鍊自己成為東方不敗的頂尖業務員。被金融風暴席捲不見的絕不會是頂尖業務員。套用投資大師巴菲特的名言，「唯有在大海退潮的時候，才可以看出裸泳的是誰。」我們也可以說，只有在市場大退潮時，才可以看出誰是真正的頂尖業務員。

或許你早已是一名業務員但卻一直不自知。因為在這個年代，無論是透過各個網站出售商品，或在面試時推薦自己還是在從政時推銷理念，就廣義的角度看來，人人都在做業務。換句話說，從總統、企業執行長到上班族、自由工作者、商店老闆……無一不是業務員，只是，你意識到了嗎？你準備讓自己變成一名不敗的頂尖業務員嗎？

其實，所有優秀業務員所應具備的條件，大都以耐心、用心和渴望的心為最低門檻。

不過，如果你還想要更上一層樓，在全民做業務的時代中躍升成為個中翹楚，那麼，你還必須善於觀察、有同理心、能感動人，即使在最悲觀的情境之下仍然不放棄，用樂觀的態度激發對方的希望與鬥志。

因此，一般叱吒商場的企業領袖不但是公司業務員中最搶眼的頂尖業務員，一定也是在低潮時期最能激勵人心的夢想製造者。

有一位業務員出身的高科技公司顧問，曾經「煮酒論英雄」，評論微軟創辦人比爾・蓋茲是當今最偉大的業務員。他的理由是，比爾・蓋茲最可怕的業務力是他能「創造未來」，把還不存在的商品賣到全世界，並鼓勵世人對未來世界產生嚮往。

而比爾・蓋茲的對手──蘋果電腦創辦人賈伯斯，則散發出另外一種業務員的天賦。英國的媒體形容賈伯斯是「終極業務員」，他的業務優勢是「現實扭曲力場」，他不但讓人完全相信他所說的內容，還會心甘情願地做出有利於他的決定。

而更多的過來人歸納其經驗發現，即使有最佳的學歷、條件，也未必能造就贏得客戶的業務實力，重要的是要學會在艱苦的環境裡練就過人的膽識。這樣，即使身處最黑暗的時局，也會用魔笛吹出讓人熱血沸騰的憧憬。

總而言之，任何一個行業裡的頂尖業務員都應具備下列八種特質，營銷業亦然：

（1）有親和力：懂得取悅客戶。

（2）會表演：能夠進入潛在買主的內心，激發他們的想像力。

（3）自制：有自我的紀律。

（4）主動：能夠自己制訂計劃，並且付諸行動。

（5）容忍：心胸開放才有機會做生意。

（6）準確思考：好的業務要懂得精算，怎樣對自己和顧客最有利。

（7）堅持：不受顧客的影響，也不認為什麼事情不可能。

（8）相信：相信自己所銷售的東西，相信潛在買主，相信會成交。

營銷事業是一個在風雨中茁壯成長的實體。我們不怕艱難，因為我們早已掌握了逆勢破局的利器，占據了人生最為有利的舞臺。

事實上，每一個人的事業生涯都會有屬於自己的舞臺，只是舞臺的大小略有差別而已。在舞臺上，我們盡情表達榮耀、自信與對未來的憧憬，同時享受掌聲。當然，人生很難事事如意，在潮起潮落的自然變化中我們難免也會嘗受被冷落的滋味。

然而，唯有站在舞臺上親耳聽到掌聲，我們的責任感與使命感才會油然而生；即使聽到的是噓聲而不是掌聲也才有機會徹底檢討，從而鞭策自己日趨完美。舞臺是使人成長的地方，一旦人生失去舞臺，就像將軍掉了槍、記者廢了筆，不論曾是何等的英雄好漢也難再有用武之地，之前曾扮演的任何角色便也都不具實質意義了。

第五章 「一粒麥子締造一個王國」

既然人生不可失去舞臺,我期勉每一位夥伴一定要一心一意、心無旁騖地扮演好自己的角色。只要恪盡職責,在克緹人人皆可獲得舞臺。這個舞臺是我們用來鍛鍊自己、考驗自己的好地方,你的目標愈明確、胸襟愈寬廣,屬於你的天地自然也就愈無限寬廣。

不過,凡是在舞臺上受人尊崇、具有領導魅力的領導者都有一個共同的特質,那就是在極力拓展自己舞臺的同時,絕不會忘記提攜新人給別人舞臺。尤其是在營銷的領域裡,沒有傳承的營銷壽命往往有限。如果前輩缺乏海納百川的胸襟,新人便將空有滿腹雄心壯志,但無舞臺施展抱負,這不僅是人力資源的浪費,更是演出者的最大遺憾。讓我們用傳承在營銷的舞臺上演繹完美的人生!

■撒播希望的種子,開創人生的春天

孫越是臺灣知名演員、知名志工,曾參與多部電影的演出。1989 年宣布退出商業演出,全力投入慈善活動,只從事義務性、公益性演出,包括節目主持、宣導廣告等。

還記得當時,頂著金馬獎影帝光環的孫越毅然在演藝事業的巔峰時期宣告息影,「自此之後,只見公益,不見孫越」。他全心投入慈善活動,走進人群成為一個推動愛心的義工。因此,在授頒榮譽學位的典禮上,多位知名之士一致肯定,這是一份實至名歸的榮耀!一個有愛心、有品德的「大家的老朋友」付出整個後半生,修得了這個由美國加州阿姆斯壯大學頒授的滿堂喝彩的博士學位──「榮譽人文學博士」。

孫越用未來的歲月換取了另一個人生理念的完成──為社會上的弱勢團體服務和奉獻,我相信所有的夥伴應該和我一樣都得到了最好的激勵吧!

孫越正因為目標在握,他才能夠在年逾半百之後再創人生巔峰,成為臺灣社會上從事公益事業的典範人物。

克緹事業十週年慶時,我們曾介紹了這樣一首屬於自己的《種子之歌》:

一顆種子,隨風吹,吹落地。

等春天，春天到，花就開；

開到滿滿是，滿滿是春天。

這首歌貼切地表達了一粒種子需要悉心照料，才能順利地萌芽、成長，最後綻放花朵的過程。正如同從事我們這個事業需要不斷地給人信心、希望與關愛，才能幫助值得幫助的人同時造就自我的成功。

《種子之歌》其實正是在歌頌屬於克緹事業的春天。

在年復一年不斷流逝的人生歲月中，有什麼樣的自然景緻是最令你企盼的呢？相信絕大多數的人都會嚮往那代表生生不息的盎然綠意，還有那幾乎沒有缺憾的花好月圓。而一想起這些，我們就無異於回到了一年只有一季的「春天」。

一年四季只有一個春季，所以古人常用「春」來代表年。春天是一元復始、萬象更新的時節，也是人生的起步──青春年少；是人生的希望──妙手回春；是和煦的付出──春風化雨、春暉映人；是人生最圓滿的祝福──春滿乾坤福滿門。春天是否真能遍布宇宙上下，讓一切的美好停下腳步？這都在於每個人的一念之間。

自創辦克緹事業以來，我始終承受著不同人的目光注視。悲觀的人認為世界局勢多變、經濟景氣難以逃脫高低循環的宿命，而臺灣的相關規定並不明朗，競爭者往往不擇手段……種種不利的因素都讓人不禁步履蹣跚、躊躇不前。而我看到的卻都是光明面。這源於我掌握了努力的目標。目標可以讓一個人所踏出的每一個步伐都留下實跡，而且他的人生最終會結出豐碩的果實。

目標代表著一個人的未來。事實上，也唯有瞭解未來的人才能真正體會目前辛苦耕耘的意義，進而對一切考驗甘之如飴。人的力量來自於信仰和希望，如果我們清清楚楚地知道自己該如何做、能夠得到什麼，並確認一定能夠得到，那麼，我們眼前犧牲或奉獻的滋味，便將如吃甘蔗一般，甜頭自然隨時會出現。

第五章　「一粒麥子締造一個王國」

　　將營銷事業作為人生的目標也是時代使命使然。21世紀是一個服務業大放異彩的新時代，營銷專家也一致肯定，營銷業必會在這個世紀中大放異彩，從業人口和產值亦將與時俱增。假如你已經肯定了這樣的資訊，不知道你能不能為自己的人生勾勒出一幅目標藍圖呢？

　　再換另一個新角度來看21世紀的營銷大趨勢。在高科技與人類生活愈來愈緊密結合的現代社會，你是否瞭解科技在營銷業上可能產生的實際運用呢？而你又是否已掌握了其中的技術呢？

　　不可諱言，電子科技的文明已經在20世紀末造就了一批「電腦文盲」，他們抗拒新知，不願及時順應時代的變遷，因此不僅逐漸失去了競爭優勢也不知自己將何去何從。

　　在這個營銷掛帥、電腦領軍的新時代，營銷的脈動與高科技必定密不可分，為了奔向有把握的未來，我們除了要清楚地瞭解營銷業的脈動之外，更要以最高的意願迎接高科技的技術跨越自己以往的局限，為未來的需要付出一切必要的努力。

　　時代的召喚和明確的目標，是辛勤的園丁加上肥沃的良田，讓我們的克緹事業能在逆境中一枝獨秀地保持成長。這樣的優勢使我們改變了「寒冬」的氣候，讓夥伴獨享「四季如春」的甘美滋味。

　　不僅如此，打造春天永駐的人生還需要內在品德的修煉。「六大信條」恰如春天的風和日麗，不僅怡人怡物，也是生生不息的活力泉源。「六大信條」告訴我們圓滿的家庭關係需要付出關愛、承擔責任；圓融的事業成果也需要一心一意、努力不懈地衝刺；一生中不可或缺的深厚友誼，也是靠堅持不變的熱心守護才能品嚐那份甘醇與美妙！

　　21世紀孕育著營銷通路的大革命，克緹事業正以春天般的蓬勃生機開創著時代的主流。大多數行業受市場經濟循環的直接影響，唯獨「三銷合一」能夠兩面受惠：不景氣時得人才，經濟活絡時得錢財。正是因著這樣的信念，我們創造了跨越不景氣寒冬，年年滿滿是春天的經營奇蹟。

第六章 一眼心泉，滌蕩靈魂的信仰

　　不是生活中缺少陽光，只是我們背對著太陽；不是心靈中沒有溫暖，只是恰逢冬日的嚴寒；不是邁不開奮進的步伐，只是前方的路途沒有方向。

　　能夠給予我們陽光、溫暖和方向的不是上帝也不是佛祖，而是寄存於靈魂之中的神聖力量。這方存於靈魂深處的神聖淨土，就是我們的信仰。照亮克緹人的「六大信條」和「五大原則」就是我們的信仰，在這裡每個人都能聆聽到最真最近最善良的心聲。

「六大信條」，撒播希望

　　曾經有一個人和一名知名律師結伴環遊世界。他們在旅行過程中看到了許多讓他們印象深刻的事物，尤其在一個偏僻的縣城所見，更是讓他們畢生難忘。

　　有一天，他們在鄉間散步，看見一個兒子拖著犁，一個老人扶著犁，在那裡犁田。律師覺得非常稀罕，順手拍攝下了這個鏡頭。偶然的機會，他將照片拿給一個附近的傳道之人看，並說了自己的疑惑：「其他的村民都是用牛犁地，為何他們會用這種古老的方法呢？」

　　傳道人回答說：「是的，這是少見的。不過，我碰巧認識這二人，他們很清苦，當本縣信徒建會所時，他們亦很願意有所奉獻，但又沒有錢，結果便賣了他們僅有的那頭牛來奉獻，所以現在他們就要代替牲口來犁田了。」

　　他們聽後，愕然相覷，一時說不出話來。之後律師說：「這是愚昧的犧牲，為什麼你們容許他們這樣做？」

　　「哦！他們卻不是這麼看，他們只覺得那是莫大的喜樂，因為還能有機會擺上一頭牛在主的工事上。」

　　這就是信仰和奉獻的力量，凡是有所成就的人，必然心存信仰，並且樂於奉獻和分享。

第六章　一眼心泉，滌蕩靈魂的信仰

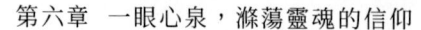

在我們這個行業中，凡是成功的夥伴大都遵循著我所揭示的「六大信條」，並以其作為職業生涯規劃的依據。「六大信條」雖然簡短，但其影響卻非常深遠。如今，「六大信條」不僅在臺灣受到尊重，也受到了各種國際團體的推崇。「六大信條」的內容如下：

第一條，扶助值得幫助的親朋，您就會有福氣。

第二條，敬愛家人朋友，也必得人尊重。

第三條，把喜悅與人分享，喜悅也必會更加豐盛。

第四條，奉獻愛心不求回饋的人，永不缺欠。

第五條，愛自己的事業，誠實對人，必得成功。

第六條，事事講求分享，代代永得平安。

當初我曾對「六大信條」說：「我將是你的實踐者。」時至今日，我的人生規劃已與「六大信條」融為一體，將它的功能發揮到了極致，我由點到線再到面，逐漸把它推廣到了更多人的身上。

在我們這個事業中經常講求「跨越」二字。所謂跨越，是我們希望能夠做到「立足臺灣，放眼中國，胸懷世界」。值得欣慰的是，臺灣真正能做到「跨越」二字的事業體可謂屈指可數，而我們正是其中之一。每一個人、每一份事業都各有一片天空，我們要如何開創呢？人的生命有限，我們要用極短的時間爭取極大的未來，唯有遵循「六大信條」並確實實踐它，才能獲得成功。現在，讓我再來詮釋一遍「六大信條」。

第一條，扶助值得幫助的親朋，您就會有福氣。

所謂「幫助」，本是人與人之間最平凡的一種互動，但隨著社會變遷，人心變得越來越自私，普遍存在「只要我富有，其他人皆貧窮也無妨」的錯誤觀念。

事實上，只要你不停地付出，幫助別人成長，自己也就能相對地取得成功。一個成功的人必然擁有很多朋友，一個人孤芳自賞往往是無法獲得成功

的。人力資源是世界上最豐富的資源，到底應該如何開拓？其實不必捨近求遠，週遭的親朋便是我們最佳的人力網絡。

想幫助值得幫助的親朋，首先就要充實自己的能力，否則會越幫越忙，反而使別人得到的幫助極其有限，對方對你的失望卻可能是無限的，這就不是你的福氣了。當一個人要伸手去援助別人時，要先衡量自己能否給予對方最有力的幫助。

另外，在幫助別人的過程中，我們最好不要希冀得到回饋，因為一旦懷有這種想法，就會使自己先受到傷害。只有我們不求回報地去幫助他人，福氣才會自然來臨。

第二條，敬愛家人朋友，也必得人尊重。

你要幫助人就先要幫助週遭的人，把週遭的親戚朋友彙集成一股力量。俗話說：「家和萬事興」，可以說，最好的學習地點首先就在我們每個人的家裡。之後才是跨出家庭走入社會，把社會上互不認識的人凝結在一起。

那麼，為什麼要特別強調「敬愛家人朋友」呢？因為他們是你事業上的第一個階梯。一旦踏穩了第一個階梯，你就可能再登上第二個階梯。想要從事營銷事業的人，先要去認同你的夥伴，當你得到別人的尊敬時，這朵美麗的雲彩也就會愈擴愈大。

我們想要成就一番事業，必須對周邊的人不斷付出關愛與尊敬。當別人因此尊敬你的時候，這份事業就會像輻射圈一般產生極大的威力，由內至外一圈一圈慢慢地擴散，最後形成燦爛奪目的雲彩。而我們這個事業的拓展就是從點到線再到面，最終交出了一張漂亮的成績單。

第三條，把喜悅與人分享，喜悅也必會更加豐盛。

我們從事的是一份把生活中的喜悅帶給別人的事業，夥伴們可以說個個都是幸運兒。

前人常說，跟好的朋友相處會產生正面的力量，跟壞的朋友相處會產生負面的影響。在我們這個事業中，每個人都會將快樂與別人分享，大家沐浴

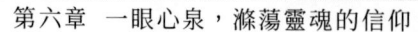

在喜悅的氣氛裡，彼此吸取經驗共同成長，還會不斷激勵自己，培養樂觀、積極的態度，這足可印證當我們把喜悅與別人分享，得到的喜悅也更豐盛的真諦。

每個人都想要聽到悅耳的音樂，因為它會帶給人們喜悅。人一生下來，本就生活在苦惱之中，我們怎麼可以再把自己的煩惱強加在別人身上呢？所以我強調要與人分享快樂，這樣才能結交到更多的朋友。如果你一天到晚抱怨，最後會連一個夥伴都沒有，因為別人不會願意聽到這種不悅耳的聲音。

美妙的音樂是人演奏出來的，動聽的歌曲也是人所唱出來的。當你把喜悅傳送出去的時候，它也會回饋給你，令你更加快樂。

第四條，奉獻愛心不求回饋的人，永不缺欠。

回想一下，我們自從離開母體後可曾愛過別人，有沒有為別人做過什麼好事？如果答案是否定的，那麼就從現在開始行善吧！

需要注意的是，我們在幫助別人、做善事時，千萬不可懷有企圖心，更不可刻意地到處炫耀，這是最愚昧的行為。在《聖經》中，耶穌教導我們，「你施捨的時候，不要叫左手知道是右手所做的，要叫你在暗中施捨。」因此，夥伴要懂得以平常心幫助大家成長，這是我們應該付出的愛心，不要奢求別人的感激，只有這樣，心中才會充滿歡欣，永不缺欠。

一個人當他心中充滿喜悅時，就會萌生真誠的愛。真誠的愛是沒有條件的，如果一個人抱著要中獎的心理去買獎券，當他沒有中獎時，心中就會充滿失望和怨恨的情緒；但如果他抱著捐出愛心的心態，就會比較快樂，不計較有沒有中獎。

我們待人處世時，如果能夠做到付出愛心而不求回饋，心胸自然會越來越寬廣，也就沒有什麼事情可以難倒我們。所以，人世間的美好當從付出愛心、不求回饋開始。如果你用心體會這些理念，不僅可以使自己的人格完整，還可以使自己的人際關係越來越好。

第五條，愛自己的事業，誠實對人，必得成功。

每一位事業的經營者都想成功，也都愛自己的事業，相信從來沒有人違反這個規則。然而愛自己的事業要有方法，我們要知道，人才是推動事業成功的主要動力，唯有人才能夠創造財富、掌握財富，並發揮財富的終極價值。

事業是一個人安身立命的根本，愛自己的事業最重要的是誠實對人，唯有如此才能做到一貫講真話。有些可憐的人將很多時間浪費在編織一個又一個謊言上，而誠實的人因為不會被謊言套牢，所以就有更多時間可供自己運用。

第六條，事事講求分享，代代永得平安。

分享是能夠使雙方互惠的行為，一為施，一為受。施者不求回饋，受者心存感激，才能形成分享的良性循環，再與其他人分享。

分享是做人最基本的能力。一個嬰兒從呱呱墜地開始，便已經懂得與他的父母分享情緒。他用哭來表示自己的需求，而父母在這一瞬間會生出對自己父母的感恩之情，因為「養兒方知父母恩」。一個社會一旦沒有分享，就必然不會有安寧的一天；一個團體若沒有分享，就沒有團結的一天。

「六大信條」是一種心靈上的修煉，如果夥伴們只擁有專業技術和經營理念，卻不懂得遵守「六大信條」，將成為一個口袋充滿鈔票但腦袋卻空空如也的「窮人」。

我們所奉行的「六大信條」已掀起一陣研究的熱潮；一群學術界人士把我所揭示的「六大信條」奉為儒家思想的最高境界，並做了深入的詮釋。我們這個事業之所以能夠不斷蓬勃發展，毋庸置疑是每一位夥伴都熟識「六大信條」的結果。甚至還有人告訴我，他每天晚上都要誦讀一遍再反省一遍。我深信，「六大信條」不僅在臺灣能夠暢行無阻，在全世界也可以通行無礙。

希望所有的夥伴皆能與人分享、遵循「六大信條」，開創出屬於自己的一片藍天。

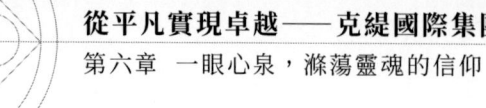

「五大原則」，踐行成功

在克緹事業中，有一位來自湖北宜昌的經銷商，名叫田愛琴。她在總結幾年間在克緹最大的體會的時候，將親和力放在了最為重要的位置。親和力是她積累自己的人脈資源，凝聚人心、拓展團隊、實現互利共贏的最好辦法。

作為一個團隊的領頭人，她首先注重訓練自己具有讓別人願意親近的特質，以親切的態度對待人，以親切的魅力吸引人，設身處地替團隊成員著想，讓很多人喜歡與她做朋友。這樣，市場順應得到拓展，團隊自然得到擴大，同時讓自己過得更快樂、更有成就感。

其次，田愛琴還注重團隊目標的制定。團隊目標如果跟個人的目標一致，就有吸引力、號召力，這時團隊成員就願意合作完成任務。她經常引導團隊成員心中要設定明確的銷售目標，積極回應公司的月度促銷及季度懸賞方案，將業績指標分解落實到店、到人。

最後，她還積極幫助他人成長。克緹市場的開放，不斷有新人加入進來，如何幫助這些夥伴成長，讓他們在克緹大家庭裡找到實現自我價值的平臺和成長的空間，是非常關鍵的。她深知責任重大，把克緹事業介紹給他們，與他們共同學習，共同進步，共同收穫健康美麗與財富。

從以上的實際分享可以看出，田愛琴的成功正是踐行克緹「五大原則」的結果。

營銷事業是開發人的潛能的事業，如果你把它當成一般的商業行為來做，這個事業在你手中將難以得到發展。而你是否能真正成大事，完全在於能否真正遵守「六大信條」和「五大原則」。

在揭示「六大信條」之後，應時勢的需求和制度的改變，我又增訂了「五大原則」作為夥伴們立身處世的標竿。「五大原則」的內容如下：

（1）熱忱的服務。

（2）親切的指導。

（3）專業的學習。

（4）團隊的成功。

（5）個人的榮譽。

接下來我向大家具體闡述「五大原則」的內涵：

（1）熱忱的服務。

不管是過去的企業家或是新生代的企業領袖，在競爭激烈的 21 世紀，除了講求企業的效率以及產品的質量之外，都更加注重提升自己的服務。那麼我們要如何更好地為他人服務呢？

在過去，因為我們以零售為導向，業務擴展得非常快，範圍也很廣，導致服務的質量不夠理想。今天，營銷事業中品牌眾多，彷若進入了戰國時代。因此，我們要特別強化服務的質量，讓每一個客人都有一種備受尊寵的感覺。

我們要想成為一個優秀成功的領導者，態度一定要謙和，要讓人覺得親切、容易接近，這樣彼此溝通起來才沒有距離，人們才會樂於和你相處。所以，唯有你熱誠待人，眼明手快，盡心盡力地為客人及夥伴服務，未來你的夥伴也才會來為你服務，為你其他的客人服務。

（2）親切的指導。

任何一個夥伴，如果想要對他人做到親切地指導，必須先將我們這個事業所有的指導原則全都銘記在心以便隨時引用。否則客戶問你問題，你不明白也說不出來，自己感到不好意思，臉上就開始顯露出不高興的樣子，那以後誰還敢來問你呢？既然不再來問你，也就不願意和你相處，更別提親切地指導了。

因此，一個成功的領導者一定要能親切地指導夥伴。如果做不到這一點，表示你還不具備領導的能力，夥伴也就不會對你心服口服。領袖人物要有親和力，要懂得比人家多，還要敢於問別人，「你有什麼困難，需要我幫忙嗎？」當然，這必得先要下狠功夫去學習、體驗，才能把成果分享給別人。

（3）專業的學習。

《論語》中便曾記載孔子「入太廟，每事問」的故事。看到種田的莊稼漢，孔子會說：「吾不如老農。」看到種花的園丁，他又會慨嘆道：「吾不如老圃。」正因為孔子從每一個人、每一件事上都能發現值得學習之處，他才會變得知識淵博，不僅可以洞達世情，還能夠學通古今。

我們處在現今的高科技時代，各種資訊科技正以迅雷之勢改變世界以及我們生活的本質，如果我們不能認識到終生學習的重要性，那麼在人生的各個方面恐怕都會面臨不可避免的困境。

人的智慧有限，我們要想學什麼像什麼，就必須心無旁騖、專精於一。就如跟我們學習樂器一樣，什麼樂器都會玩一點的人其實並不厲害，精通於一種樂器的人，往往可以聞名天下。能夠使觀眾只聽得其單一的樂音，就彷彿聽到整個樂團在演奏，這才是真正的大師。

對於我們的事業也是如此，一定要傾盡個人全部的心力來投入。我們唯有專心、專業，才有能力對別人進行親切地指導，我們的事業也才會登峰造極。

（4）團隊的成功。

個人的成功其實還不算是成功，因為個人的業績往往高低起伏很大，成功與否要看整個團隊的表現。例如，團隊的結構是不是健全不是看個人的表現。團隊成功個人自然成功，而且這才是真正得以持久的成功。

讓我們想一想，歷屆美國奧斯卡金像獎得主致辭時，為什麼要感謝父母、伴侶、導演、同事等，感謝週遭的每一個人，而不是誇讚自己演技好、表現佳呢？因為真正的成功者必知不能標榜個人，一定要追求、推崇團隊的成功，只是由他來作為代表接受榮耀罷了。

（5）個人的榮譽。

個人的榮譽建築在團隊的成功之上。所以，我們所要努力追求的，實際上是整個團隊的成功，而不僅止於達成個人的目標。團隊的成功可以變成「大成功」，個人則只能達到「小成功」而已。

團隊取得成功，個人才可能得到真正的榮譽，而這榮譽就是人的生命。一旦我們尋找到自己生命的意義，並在團隊中發揮光熱使團隊獲得成功時，也將同時獲得個人的榮譽，這也就是為什麼我要說，「一個人的成功不是自己的成功」的道理了。

另外，人生的榮辱不可預料，凡事還是心存厚道，給別人留些餘地比較好。這樣的做人道理看似退讓、消極，其實卻能為自己或者子孫後代留出更多的活路。希望各位能更扎實地忠厚處世，播種家業與事業的福田。

其實，能帶領夥伴邁向國際、拓展未來的正是克緹的「五大原則」。如果你擅長經營管理、擁有了技術和金錢，卻未能以「五大原則」為依歸，我相信你未來的一切也將是空泛的。

只要你奉行「五大原則」，就會產生成長的動力，當沒有事情能夠阻礙你的成長時，財富也就會滾滾而來。我希望我們的這個事業是一個充滿喜悅、活力、愛心與感謝的樂園。

「五大原則」所涉及的，不外乎是儒家的管理思想。儒家的管理思想是柔性的，也是適合中國人性格的管理模式。而中國人幾乎從小就受儒家思想的薰陶，如果把這套思想運用在管理上，必能發揮「不戰而克其兵」的效果。總而言之，只要我們切實遵循「五大原則」，相信大家一定能在我們這個事業上登峰造極，贏得社會的尊重。

▋克緹理念，充實人生

2004 年，歐洲各大企業主管首度齊聚法國巴黎，召開大規模的「企業倫理經驗和意見分享會議」，會議討論的重點就包括如何將誠信等倫理價值落實在商業行為上。他們認為，若是人與人之間缺乏信賴和信任，將無法建立一個重視相互聯結的社會。

無獨有偶，台積電公司董事長張忠謀先生在親自寫下公司的經營理念時，也把誠信排在首位。他還詳細闡述其中內涵：第一，說真話；第二，不誇張、

不作秀；第三，不輕易對客戶做出承諾，而一旦承諾，必定不計代價，全力以赴。

「信」的力量可謂無量、無邊。當信與誠結合，便成為人際關係的鑰匙；當信與念結合，便是一種無事不辦的動力……換句話說，信念、誠信不僅可以造就企業「贏」的文化，也可搭起一座幸福人生的橋梁。可見，無論是精神生活或是物質生活，成功都要仰賴「信」力。

對於我們這個以人為本的事業來說，重視誠信更是一條制勝的不二鐵律。自創業以來，我們的金字招牌是透過每一位夥伴的信念、信心、信用點滴累積而成的。誠信是提升我們人品和人格的根本，在鼓勵創業的行業裡，每一個人都是自己命運的主人，只是扮演的階段性角色略為有異。而不論是面對客戶還是團隊，凡是能夠普遍贏得信賴的自然會躋身優秀的領導者。

我們在和同業的角力互動上，其實一直是一種良性的品德之爭。因此我們的事業連年蟬聯冠軍寶座，正意味著夥伴和客人、前輩與新人之間，都有「信」的力量貫穿其中。當然，我也十分瞭解上行下效的重要性，我對於自己做出的每一個承諾，即使並未訴諸文字，也會形同合約從不爽約。

贏得信賴象徵的是一種提升與淨化的人格特質。拿破崙曾說，「四十歲以後，面相是由自己決定的。」因此，如果你的心正、意誠、所言不虛、一諾千金，長此以往，你必然會具有一張「正」字標記的臉孔，讓人願意和你常相往來，進而對你委以重任、信託身家。

媒體調查臺灣企業發現，誠信是目前最受重視的員工人格特質。無論是員工與僱主之間、員工與員工之間，或是員工與客戶之間，遵守承諾都被認為是最重要的企業倫理。的確，企業品格是一種無法量化的競爭力。如果企業像一棵盤根錯節的大樹，品格則如同樹根；當樹根開始腐爛，不管樹木有多麼壯碩、茂盛，都已可預見其即將枯萎的命運。

21世紀，我們所要面對的正是一場品格的競賽，相信大家唯有不斷提升自我對誠信的要求，才能掌握未來的勝利。當然，在我們以誠信贏得客戶信賴之後，還需要用優質的服務讓客戶真正感到滿意。因此，我們還要具備正

確的服務理念。在我經營事業的經驗裡，曾進一步地歸結了經過研究證明深具實際效果的贏家心態——服務、感恩與榮耀，並將心得行諸文字，讓有志之士一起來分享。

（1）辛苦是為需求服務。

我們的事業固然有願景、有目標，相信每一位夥伴也都各自有著不同的動機。有人可能為提升自己與家人的物質生活而奮鬥；也有人是為精神層次上的自我提升在努力。不管目標是什麼，重要的是你必須誠實面對自己的需求，讓自己付出的辛苦是值得的。

（2）汗水是為豐收服務。

服務即是付出之意。胡適說：「要怎麼收穫，先怎麼栽。」每一個期盼能在生命之旅中豐收的人都不能心存僥倖，必須腳踏實地努力付出，因此，當你為事業流下辛苦的汗水時，往往也意味著豐收的季節近在咫尺了。

（3）掌聲是為勵己服務。

當辛苦流下的汗水終於結出豐碩的果實，你成功了，身邊肯定會有喝彩聲與掌聲。你該用什麼樣的態度來面對這樣的榮耀呢？千萬不可自滿或驕傲，要用掌聲激勵自己，朝下一個值得追求的目標邁進。

（4）智慧是為創意服務。

創意是企業進階的法寶，也是人生境界轉折的鑰匙。我們在辛苦前進中所積累的智慧，唯有轉化為源源不絕的創意才是最有價值的貢獻。

（5）信仰是為願景來服務。

你對自己的願景深信不疑嗎？如果是，那麼，你已經成功了一半，要像對待百分百的信仰般地看待願景，你的夢想必定會成真。

（6）成功是為社會服務。

回饋是企業的社會責任。企業的資源取之於社會，也應用於社會。個人也是如此，如果自己的成功能夠回饋社會便是極有意義的貢獻。

(7) 快樂是為家庭服務。

快樂的家庭是圓滿人生的根基。誠如「六大信條」第三條所說：「把喜悅與人分享，喜悅也必會更加豐盛。」在打拚事業的同時，願你一路與快樂同行並祈願你和家人共享快樂。

(8) 時間是為長進服務。

「一寸光陰一寸金，寸金難買寸光陰。」善於利用時間的人不但不會浪費生命，還會不斷地求長進，苟日新、日日新、又日新。

(9) 秒針是為向上服務。

「百尺竿頭，更進一步」的功課不能停歇，就連一秒鐘也不要放過。

除了這九條服務理念，還有一點不能欠缺，那便是我們再三強調的感恩心態。這種態度能夠引領你超越負面情緒，通往喜悅與充實的人生道路，並懂得享受微小的每一步，欣賞生命中的驚喜與感動。你一旦體驗到發自內心的感恩情懷，成功的榮耀會更為持久地伴隨著你。

▌藍海策略，創新經營

長久以來，臺灣的咖啡文化一向強調喝咖啡要用熱飲才是正統，冰咖啡只是配角，導致店家都不願意花時間來研究如何改良冰咖啡的質量，因而其他咖啡店在與龍頭星巴克的競爭中陷入了僅在店內環境與氣氛上互相較勁的死角。對消費者尤其不公平的是，喜歡喝冰咖啡的人長期被忽略，他們只能被迫購買到難以入口的冰咖啡。

不過，有一家來自臺中的「壹咖啡」異軍突起。業主看到了市場的缺口，用一杯35元的冰咖啡，成功打進了原本不喝咖啡的族群。壹咖啡的店面較小，只做外賣生意，但僅僅花了不到3年的時間，壹咖啡就快速在全臺灣建立起300多家連鎖加盟店，令星巴克倍感威脅。這個故事正是成功地抓到商機，提升業界長久忽視的質量——藍海策略的最佳佐證。

「壹咖啡」的成功就是採用了所謂的「藍海策略」。兩位任教於歐洲管理學院的專家著書立說，鼓勵企業把策略焦點從競爭對手身上移開，專注大局而非數字，超越現有的需求，為客戶創造出更有價值的創新產品，大膽改變原有的市場遊戲規則。他們相信，唯有依靠這樣的思維，才能從「血流成河」的激烈競爭中開創出無人競爭的藍色商機。這就是一時膾炙人口的「藍海策略」，而這其中蘊含的創意和營銷智慧也恰恰能夠體現出企業領導者的經營眼光。

　　21世紀的商業已從勞力密集和資本密集過渡到了腦力與技術密集的新時代。一個企業能否累積實力、屹立不倒，關鍵在於經營者智慧的高低。絕大多數的企業都依靠管理的智慧、創意的智慧以及營銷的智慧來取決勝負。

　　那麼，管理者如何經營企業才算得上是極富智慧呢？這就需要講究一些策略了。一種經營策略是細水長流，為與社會相互供養型的智者之見。其手法合乎人性，不只照顧企業員工，還以「取之於社會，用之於社會」的回饋之心從事公益。這類企業多半守護著投資者的長期利益，因此樹立起值得信賴的社會形象，擁有持續穩定獲利的寶貴基礎。

　　在臺灣，台塑、國泰、新光等企業的發展史就像一部臺灣的經濟起飛史。他們的員工眾多，企業脈動牽繫著數以萬計的家庭生計，與社會是否繁榮、安定可謂息息相關。因此，這類企業主的肩頭往往一邊肩負著企業成敗的責任，一邊肩負著社會道義的責任。

　　更有甚者，一些業績傲人的企業或許還用企業積極的文化與價值觀，對敗落的世風和迷惑的人心造成示範作用，像奇美企業的董事長許文龍先生就是一例。眼見社會功利之風日盛，許文龍先生卻以「分享、授權」的經營之道，昭示人與人共生共榮的和諧相處之道。他還深入到藝術領域，以深受音樂陶冶的身心，開創出多元化的人生價值觀，因此贏得了人們的尊敬與極高的聲望。

　　還有一種經營策略可謂不擇手段。這種經營者通常會被批評為「無商不奸」，指的就是做生意的人大都為了賺取暴利而無所不為。其中有的人為了利益鋌而走險，還有的人違反人性甚至飲鴆止渴。而這些不擇手段的做法之

所以一再被人沿用，是因為他們有利可圖，不過一旦經過追蹤考察，就不難發現這樣的利益十之八九只是短利，終難日久天長。

每一種事業都像個性化了的人們一樣，能夠呈現出好與壞、善與惡的不同面貌。這對於力爭上游的夥伴而言，應該具有相當的啟發性。在訓練自己成為一個有智慧經營者的過程中，我們一定要取法乎上，不做只求「打帶跑」的短利之徒，而要學習正派經營、眼光遠大的企業家，時時以擔負社會責任為己任。

另外，我們除了追求自己期待的生活水準之外，也要重視他人是否得到了平安和快樂；我們自己如何被前輩扶持長大，也要以相同的胸襟扶持別人成功，以達到互相扶持，共同生存。唯有這樣，我們所經營的事業才會產生良性的循環，也才不辱對社會應具的使命。

藍海策略的價值，就在於它提醒企業要重新睜大雙眼，找出那些被業界忽略的要素，從中創造差異化。同時，它也提醒企業要擺脫狹隘的眼光，深入探討客戶的需求，是需要更「講究」還是「將就」即可。統合說來，藍海策略提供了一個全新的思維：如何做出跳出既有競爭的態勢，重新思考對客戶創造有所價值的創新。

那麼，什麼才是屬於我們克緹的藍海策略呢？這是我經常思考，也倍感重要的一個課題。

在品嚐壹咖啡的藍海策略的同時，讓我們不妨用同樣的角度觀察一下臺灣的營銷業吧！這個行業的歷史並不算長，但一直都給社會大眾一種蒙著神祕面紗的印象。從早期的政府法令規章不明，到商品價格不夠透明化，到從業人員和業主存有「打帶跑」的撈一票僥倖心理，社會形象幾乎都是負面的。我們在這樣的環境中奮鬥，開創了不與經濟週期共消長的業績奇蹟，也早已盤踞本土業界的龍頭寶座。但若依循著同樣的軌道繼續前進，長久而言難免落入只與同業較勁的窠臼。

第一，身為業界龍頭，我們擁有資源，也負有把營銷的「大餅」做得更大的責任，如此必能跳脫同行相互爭奪市場的困境。真正落實「營銷生活化」

的通貨理念,就是我們這個事業在這個階段獨一無二的藍海策略。我們在向顧客推薦產品時也要做到具體而生活化,這樣「正派營銷商」的面貌也會廣為社會大眾所熟知。

第二,正派營銷商不僅是一種面貌,亦是一種心態與價值觀。夥伴在個人的品德操守上務必要堅持修為,讓誠實、正直、負責、和諧的德行日益融化在自己的血液裡,做一個經得起時空考驗的營銷人。

成功營銷人的必備條件

鮭魚的原鄉在加拿大內陸高山純淨的溪流中,這樣的地方天敵較少,鮭魚便於在此傳宗接代。因此,鮭魚們在這兒產下牠們的子嗣,而魚卵在小石洞的保護下,逐一安全地孵化為小魚,並順流而下,游至大海。

小鮭魚在大海中接受滋養並逐漸長大成熟,在成熟後,牠們開始往故鄉洄游,展開一段漫長的尋根之旅。返回原鄉似乎是鮭魚的天性、本能,在回到原本誕生的溪流之前,鮭魚們會先在海、河交匯口停留一段時間,以適應無鹽且密度大不相同的淡水生活。牠們停止進食,用身上的脂肪維持將近1800公里的上溯旅程,身體的顏色也因此由暗綠轉變為紅色。

可想而知,在鮭魚力爭上游的過程中,一定有成功者也有失敗者。最後,只有其中的佼佼者能夠到達目的地。物競天擇的殘酷現實是任何生物都必須面臨的生存考驗,鮭魚也不能倖免。

然而,千辛萬苦回到原鄉,鱗片剝落、遍體皆傷的鮭魚還來不及休養生息,便又要負擔起交配、產卵,生育下一代的重大使命。牠們會和父母一樣,為子嗣尋好一個安適的窩,讓下一代追循著牠們的軌跡,繼續完成壯烈的一生。

令人不可思議的是,鮭魚的一生竟完全不脫離父母的路徑。牠們用身體中的基因來導航,從出生到回鄉,父母已先行設定了避險的機制,鮭魚唯有遵照導航者的指令,才能不走冤枉路,也才能趨吉避凶。

第六章 一眼心泉，滌蕩靈魂的信仰

鮭魚的生命故事告訴我們，成功的傳承要靠遺傳基因。換句話說，一旦我們按照成功者的基因圖譜前進，前途自然會開闊光明。

我們曾於2001年舉辦過一次「阿拉斯加冰河之旅」，在這趟阿拉斯加冰河之旅中，我最難忘的並非矗立冰河絕壁兩岸的原始森林，或是充滿西部風情的淘金古鎮。事實上，就和之前初遊此地一樣，令我深感震撼的仍然是在阿拉斯加南部的凱契根（Ketchikan）鎮上，鮭魚沿溪奮勇逆流回鄉的奇景。

企業的「遺傳基因」不外乎企業的精神與文化，它就像人類的基因圖譜，揭示了企業能夠成功運轉的奧祕。當我飛越大半個地球，在太平洋彼岸省思鮭魚的原鄉之旅時，我深切地期許每一位夥伴都能遵循我們這個事業的基因圖譜，最終找到距離成功最近的道路。

專家學者研究指出，營銷行業是未來最熱門行業之一。最有前瞻性的十大行業之一，勢必會吸引更多的人來投入，但要如何才能脫穎而出呢？總的說來，一名成功的營銷商應當具備健康的身體，積極樂觀的態度，奉獻、投入工作的熱忱，承受挫折、焦慮、壓力的能耐，不斷追求創新與突破，敏銳的觀察力與應變力，奉行六大信條等七個條件。下面我就為大家進行具體闡述：

（1）健康的身體。

健康的身體是一個人成為成功營銷商的首要條件。營銷事業是一個需要勞頓奔波的行業，除了需要經常接受教育訓練、汲取新知之外，還要開拓市場、輔導夥伴、服務客人等，不只工作繁重還得東奔西跑，若沒有強健的體魄是很難負荷的。

我們常期望我們的產品能給人帶來美麗、健康和財富這三寶。只有自己擁有健康的身體，才能使客人相信我們這個事業能帶給他們健康、美麗和財富。

（2）積極樂觀的態度。

既然決心從事營銷事業，就一定要抱著積極、樂觀的態度去努力，不猶豫、不退縮，對自己有信心、對夥伴有信心、對公司有信心。在傳遞美麗、健康與財富的過程中，我們一方面要加強自己的心理建設，積極開拓市場；一方面則應讓客人感受到我們的誠意，以及我們對事業的信心。

只要你樂於工作，並始終抱著積極、樂觀的態度去耕耘，歡喜地與人分享，相信你就已經成功了一半。

（3）奉獻、投入工作的熱忱。

我們的事業是一個屬於「人」的事業，能否「帶人帶心」，是決定我們的事業能否成功的關鍵，至於要如何讓人心悅誠服地接受領導，則在於你是否能無私地奉獻，是否具有投入工作的熱忱。

只要你能無私地奉獻，不斷地向他人分享、傳遞你的經驗，全心全意地投入營銷事業。那麼，你的親朋便不需多走冤枉路，事業也就能快速地成長；相對地，你的夥伴得到快速成長，他才會愈發尊敬你、感激你。

（4）承受挫折、焦慮、壓力的能力。

我們在發展事業的過程當中難免會遭遇一些挫折與困難，但我們絕不能因為一時的不順心而灰心喪志退縮不前，甚至因此被擊倒。我們要想成為一位成功的人，一定要具備百折不撓，承擔挫折、焦慮、壓力的能力，不能輕易認輸。

只有禁得起高溫、高壓的考驗，你才能成為耀眼奪目、身價非凡的鑽石。而只要你誠實、正直、負責、問心無愧，相信再大的挫折你也能度過，並且最終成為一顆閃亮的鑽石。

（5）不斷追求創新與突破。

時代不斷進步，知識也不斷地在推陳出新，我們如果故步自封、停滯不前不肯學習，勢必會被時代的浪潮淹沒，最終被淘汰出局。一日千里的事業尤其是如此，因此我們必須要不斷地努力學習，不斷追求創新、突破，唯有

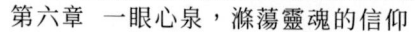

這樣才能使自己持續成長，並建立起專業的形象。所謂「苟日新，日日新，又日新」，說的就是這個道理。

（6）敏銳的觀察力與應變力。

我們事業的光明遠景吸引了愈來愈多的人投入這個事業，這一方面使我們的夥伴愈來愈多，另一方面也可能使我們的競爭對手愈來愈多。可以確定的是，因為市場愈來愈大，這其中的變化也就愈來愈難以捉摸了。因此，要成為一位成功的人，我們一定要具備敏銳的觀察力與應變力，如此才能洞察先機或化危機為轉機，以適應市場不斷變化的需求，並領導夥伴一起邁向成功。

（7）奉行「六大信條」。

我們這個事業之所以能在短短的幾年當中從無到有、以小搏大，最重要的制勝祕訣，在於夥伴們皆能奉行我所揭示的「六大信條」。

成功者大多具有敏銳的思維能力，距離成功的道路不只有一條，有的可以讓我們很快到達，也有的會耗費我們大量的時間。因此，除了具備以上的七個條件，成功的經銷商還需要運用思考的大腦找到離成功最近的道路。因此，我願意在最後送給每一位勇士一份成功的思考祕笈：

（1）宏觀思考。如果你期待抓住新的機會、開啟新的視野，就必須擁有宏觀思考的能力，而這種能力的關鍵就在於要集思廣益。你可以去找真正認識並關心你的人，以及經驗比你更豐富的人，真誠地請教他們的看法。

（2）專一思考。當一個人經驗愈多位置愈高時，專一思考就會變得更為重要。至於應該專一思考些什麼內容，如果你對自己有足夠的瞭解，你應該專注在自己最容易開花結果的領域，並且善於運用自己的專業知識、天賦與才幹來成就夢想，實現願景。

（3）策略思考。這對生活中的任何領域都足以造成影響，其中最重要的便是它可以幫助我們拆解問題，使複雜的問題簡單化。如果你能依據功能、時間、責任、目的或其他方法來簡化問題，你會發現幾乎所有困難的工作，都能因為策略思考而變得簡單。

（4）反省思考。這就像心靈的陶鍋，可以把腦中的想法以慢火熬煮到熟透。如何做到反省思考？最重要的是透過行動強化學習。因為反省過後，最能夠幫助你成長的絕對是付諸行動，你的人生將因此改變。

（5）共同思考。善於思考的人，尤其是善於領導別人的人，都明白共同思考的力量。因此，我們能否召集到與我們志同道合的人才，是事業能否成功的關鍵。假若你所召集的人都懂得尊重他人，都能把團體利益擺在個人利益之先，都能為自己的決定負責，你必然會擁有一支精銳無比的團隊。

只要我們努力具備成功人士的那些條件，又善於運用思考的大腦來把握商機，成功就指日可待！希望大家都能擁有一個全新的成功人生！

▍競爭中取勝的祕密

法國最知名的品牌——LV，堪稱奢華名牌箱包的領導者，其一舉一動都左右著時尚風潮。其品牌的創始人不過是一個來自法國東部鄉下的捆工學徒，他在專門替貴族捆紮運送長途旅行的行李時發明了一種長方形、防水的皮箱，以方便堆棧。在鐵達尼號意外沉船事件中，這種皮箱經過了惡劣環境的考驗，得到了消費者的認可，「LV」從此聲名鵲起。從1896年誕生的monogram花紋、Epi水波紋、棋盤格紋，直到近年來引領風潮的櫻桃包都堪稱經典之作，其追逐者遍及世界各地，為法國賺進大筆外匯，「LV」儼然成為品牌魅力的最佳寫照。

第一次世界大戰期間，巴拉卡伯爵夫人有個開戰鬥機的兒子，他用騰馬作為自己的護身符和飛機的徽章，並用畫有騰馬的帆布覆蓋戰機。伯爵夫人是一個賽車迷，在1923年的一次賽車中，她對恩佐·法拉利說：「把騰馬印到你的車上吧！它會給你帶來好運的。」恩佐·法拉利欣然同意。就這樣，一匹騰空躍起的駿馬便成為法拉利汽車的永久標誌。

和LV、法拉利一樣，世界上有不少歷經百餘年的老字號企業，業界在提到他們時除了多一份由衷的欽羨之外，總也有幾分好奇：「他們是怎麼樣走

第六章　一眼心泉，滌蕩靈魂的信仰

過來的？」企業的永續經營，相信是每一個經營者最終極的夢想；就像追求返老還童的仙丹，雖知其路甚艱，但古往今來卻從不乏絡繹於途的探求者。

世間事物有生必有滅、有成必有敗。樹木要想長青就必須經過大自然的考驗，把不利生長的因素降至最低甚至排除在外；企業想要歷久不衰則必須透過分秒變異的時代考驗，不斷維持企業生存的優勢與條件，方能在競爭激烈的環境中脫穎而出，跨越被淘汰的宿命。那麼，如何才能永保競爭優勢呢？

企業必須要能打響自己的品牌。我們都曾經歷過一段思維傳統而封閉的營銷年代，我們攜手連心幸運地走過了 20 世紀，來到如今的新時代。然而，在這個新時代裡我們不能用舊有的思維去發展。世界資訊在瞬間即能透過網路傳達到四方，相對於以往因資訊取得不易而導致成長遲緩，如今克緹要面對的是如何利用快速、巨量的資訊實現迅猛的發展。

令我感到自豪的是，在這 20 年的經營中，克緹的品牌已經得到了大家的認可。比如一位藝術工作者因為皮膚變得晶瑩剔透，而被許多友人追問她的護膚祕訣。她毫不吝惜地分享說：「我是克麗緹娜產品的使用者，自從選擇這個品牌之後，不僅以往的問題迎刃而解，更讓我展現了從未擁有過的迷人膚質。」我們的產品以超凡的質量征服了這位藝術工作者的心，在試用之後，她斷然放棄了使用多年的歐美名牌化妝品，在以後的歲月裡她成為克緹的忠實鐵粉。

「克麗緹娜」是我們賴以起家的第一個品牌，因為走的是營銷通路，我們幾乎不在一般的傳播媒體上做廣告。不像大多數護膚產品，總是被大筆的廣告費用抬升了銷售價格。廠家利用廣告宣傳塑造品牌形象，其結果往往是品牌的價值超過了產品的實質內涵。我們則不一樣，20 多年來我們不斷研發適合亞洲人膚質的保養和彩妝產品，透過使用者的口耳相傳，把品牌和產品一步一腳印地推介給有緣的社會大眾。

這種日積月累的考驗，終於使得我們的產品成為無數消費者心目中的「第一品牌」。其實，世界上所有的知名品牌無一不是這樣被消費者所認知的。一旦良好的品牌印象得以形成，市場便會接受品牌所代表的意義與價值，它就會像一塊金字招牌一般的擲地有聲，被廣大消費者追逐與收藏了。同時，

品牌之所以會造就百年依存的魅力，往往反映了開創者過人的膽識和智慧。他們的精神和理念賦予了產品迥異的個性與風格，甚至異化為一種時代的象徵。

在一切講究營銷的自由經濟時代，除了產品會因品牌的不同而身價迥異外，每個人也都具有品牌意義。具有優勢的品牌在當今資訊洪流中更能立於不敗之地，為企業的永續經營奠定基礎。

當然，我們在提供優質產品的同時也不能忽略創新精神。諾貝爾獎的獲得者日本京都大學福井教授說：「研究就是要否定教科書的常識而寫下另一頁新的教科書。」而京都大學正是日本獲得諾貝爾獎最多的大學。我們的產品只有與時俱進並不斷創新，才能贏得客戶的欣賞最終打造成品牌。

我們要想讓企業經營永續就要不斷學習。在知識爆炸、資訊瞬間取得的現在，人生已非與終身學習掛鉤不可。我們的學習範圍可能會愈來愈廣，為了增廣見聞必須「事事好奇、處處學習」，為了自我提升必須「把眼光放遠，腳步放近」。而「企業者，人之積也；人者，心之器也」，除非是企業裡的每位成員都有這樣鮮明的認識，企業才可能透過時代的考驗成為永續經營的常青樹。

21世紀對營銷人員的考驗是嚴苛無比的。在這個十倍增速發展的時代，人類幾乎要無所不知，因為社會的變化實在太快、太大。作為一名營銷人員，你或許可以不知道電腦網路，但你不能不知道 E-mail 的功用。甚至在地球村「天涯若比鄰」的概念下，我們不但要知道人類過去的歷史，也要知道地球的空間、各大洲的天氣，乃至連各種民族間的文化、生活習慣都應有所認識。正如看到烏雲覆蓋就知道天要下雨，感覺風向變化就知道氣候要變化，它是「常識人生」裡的一環。

面對瞬息萬變的時代挑戰，我們克緹人不會、也不能缺席。身為克緹的大家長，在快速變動的外在環境中，我深切希望每一位夥伴都能確實掌握新時代的脈搏，在科技與人文的潮流中做個贏家，深耕細作打造克緹品牌。

第七章 善植無形，豐收有形

第七章 善植無形，豐收有形

法國偉大的啟蒙思想家孟德斯鳩說：「在一個人民的國家中還要有一種推動的樞紐，這就是美德。」

在這個物慾橫流的世界裡，我們往往追求財富、地位以及物質上的享受，卻忽視了美德的價值。

美德是一種善，一種心靈的閃光。美德和名譽才是一個人最有價值的資產。猶若人類賴以生存的空氣，美德看不見、摸不著，而我們無法離開它而生存。美德無價！

播種理想和奉獻

日本曾有一個大學生，每天清晨四點多鐘，人們尚在熟睡的時候，他就背著工具箱在鄉間小路出現。小路上常有破損的垃圾箱（當時的垃圾箱是用木板釘的，損壞率相當高，垃圾往往會掉到馬路上），散溢的垃圾發出惡臭，路過的人總是掩著鼻子跑過。這位大學生日復一日地整理垃圾、修理垃圾箱，清晨時分也有許多散步、運動的人經過，路過的人總以為，他是市政府衛生部門派來的修理工人。

有一天，一位鄰居看到大學生在修垃圾箱，而這垃圾箱離他的家有半公里之遙，鄰居覺得奇怪，就問他說：「您是在衛生局做事嗎？」這位大學生回答說：「不，我尚在大學唸書，因為我想漏出的垃圾會影響環境的衛生，甚至常有野狗把垃圾拖得到處都是，影響大家的健康並造成不便，所以我將它修好，這樣讓大家都受益。」

如此高貴情操感動了大家，從此每天清晨都可以在這位大學生身邊聽到「早安！」的問候。而這則故事正說明了奉獻愛心不求回饋的因果。

這位大學生畢業後，村中的每一個人都建議由他來當村長，後來他當選為國會議員。這也實證了「奉獻愛心不求回饋的人，永不缺欠」的境界。

第七章 善植無形，豐收有形

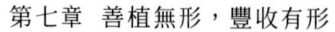

上面與大家分享的是一個因為捨時間、捨付出，而最終獲得成功的故事。我所揭示的「六大信條」，一向被夥伴奉為制勝寶典。在「六大信條」的第四條裡，我們談到「奉獻愛心不求回饋的人，永不缺欠」，其中的涵義是從事任何事業要能捨、能取，但取難，給更難。

這也就是我們這個事業成功的祕訣之一——「能捨才能得」。

任何事業，首先要談「捨」，捨的是時間、捨的是關愛。沒有時間談不到關愛，兩者一體相連。「六大信條」中所說的「奉獻」，並不完全是指金錢或物質，精神層面也同樣適用。當你覺得你所做的對別人有利，並且又不求回饋時才能樂此不疲地奉獻，這種精神像湧泉般取之不盡、用之不竭，就如同付出但卻永不缺欠。

如果你出門看到一個小孩被車撞倒，你把他救起來卻希望他的父母感謝你，一旦他的父母沒有表示感謝之意，你的心裡一定很懊惱，甚至會因不平衡而不想再幫助人。這時，受傷害的不是被車撞倒的小孩而是你自己。因此，幫助他人千萬不要希望回饋。那麼，什麼樣的人值得幫助呢？

我們要從多數人中去挑選，就像捉雞時要先撒一把米下去再看看哪隻雞比較大一樣。在一波波的訓練中，愈靠近我們且按部就班、沒有偏差的人，就是值得我們幫助的人。

我們的奉獻就像是播種，不可能一播種就立刻生根、發芽，可是它一定會發芽、生長。

一個農夫如果一播種，幼苗就被小鳥吃掉，因此懊惱而不再播種，結果餓死的只會是農夫而不是小鳥，因為小鳥還可以到別處覓食。農夫應當換一個角度思考，「我種了一百棵，小鳥吃了十棵，我還有九十棵。」可見，唯有不停地播種才能收穫豐碩的果實。

根據我多年的觀察發現，那些樂於奉獻與付出的人大多是能夠堅守自己理想的人，而他們的理想往往能夠透過奉獻與分享而最終實現。

2002年，我們在世界經濟普遍低迷不振的大環境裡，再度寫下了一段「皇天不負苦心人」「事在人為」的鮮活見證。這一段經歷不僅對我們這個

事業的發展軌跡富有意義，相信也是探求人類潛能的心理學家深感興趣的研討課題。

在人類文化遺產中最珍貴的應該就是理想了。我們這個事業是一份可以世襲的事業，你打算讓子女繼承的與其說是事業本身，倒不如是一份理想。理想是實現之因，現實是理想之果，如果夥伴們能世代都堅守理想，我們必將成為全人類中的「旺族」。

或許你認為自己的區區理想不過是一首不見經傳的「小人物狂想曲」，但我們終能證明「眾志可以成城」。當夥伴以我們這個事業為中心畫圓圈，有的人希望傾畢生之力成就同時擁有健康、美麗與金錢的「財富人生」；有的人希望棄一己之私扶持週遭的貧病弱小；有的人希望傳播「做自己生命主人」的福音……個人的理想都轉化為堅強的使命感，再體現為具體的目標，在每日、每月、每年的行程中堅持實踐，這不正是我們總能逆勢成長的真正祕訣嗎？

在一個充滿不確定因素的年代裡堅守理想，這是何其不易的情操！環顧四周，不少政治家在實踐自己當初的理想過程中虎頭蛇尾，因此被譏嘲為「政客」；不少企業家對自己的社會責任虛與委蛇，因此漸漸在巷議街談中淪為「奸商」……

現實中，堅守理想的人永遠是屈指可數的極少數，他們往往因此而萬古流芳。例如「岳母教忠」，一個母親的理想造就了精忠報國的一代忠臣岳飛；孫中山先生推翻專制、建立民國，雖然革命之舉一再受挫，但他的執著而不妥協終於為世代的中國人開創了更為自由的生命空間。

理想恐怕是世界上最難以量化生產的東西，因為流於言談的理想只是空話不具任何實力；要讓理想化為力量唯有力行實踐一途。不可諱言，理想雖美但實踐卻難，它必須透過日復一日的自我淬鍊，強化意志力、提升人格，並且永不放棄，方有到達成功彼岸的一天。

我們這個事業是一份屬於「人」的事業。自創辦以來，因為與人密切而頻繁地接觸，我早已成為一個喜歡觀察人類行為的心理學愛好者。根據我的

觀察，我們之所以能在經濟寒冬中開得梅花撲鼻香，除了我們感恩與分享的企業文化培植了沃土之外，還因為夥伴們個個具有理想並且堅守實踐，努力不輟。

點亮信心與勇氣之燈

克緹潔容霜產品發明之後，產品雖好，卻面臨著市場管道的難題。美容產品最理想的管道應該就是美容院。

於是，我們寄希望於遍布大街小巷的美容院，以寄售的方式與各美容院合作。但是美容院的經營者可以選擇的品牌非常多，各大美容產品的品牌也會提供各種各樣的優惠促銷政策。與克緹的潔容霜競爭的不是美容院的經營者或者美容師，而是諸多的美容品生產廠商。為了與大大小小的品牌競爭，我不得不採用了更為優惠的贈品政策。贈送的東西越來越好，成本越來越貴不說，美容院的壓款就是一座不可踰越的大山。延期付款之後的收款催款更是成了一項需要耗費巨大的精力和時間的工程。

一段時間下來，壓款越滾越多，產品雖然賣掉了，卻沒有流動資金可供使用。所有的貨和帳款全部都押在美容院。我們的經營面臨著巨大的困局。

在創辦事業之前和經營克緹的過程中，我們所遭遇的人生挫折不知多少，這不過是其中很小的一次波折。雖然艱難，卻也在堅苦卓絕的磨練中培養了足以粉碎厄運的勇氣。我曾有感而發地寫下了《成功必要有勇氣》的自白：

走在破碎玻璃鋪成的道路上，

腳板滴著鮮血；

行在萬箭穿梭之中，

只見遍體鱗傷。

卻仍忍受那孤獨的無奈，

展露那僅剩的笑容，

高舉著沾血的破衫，

喊出那僅剩一分貝的沙啞勝利聲⋯⋯

儘管窗外淒風苦雨、冰雪紛飛，但春天終會掃盡一切陰霾、翩然降臨大地的。你有沒有在不敵寒流侵襲時喪失過這樣的信心呢？或者，只是因為曾經傷風感冒就不再有勇氣接受風雨的洗禮呢？

我們的事業從無到有，如今辦公大樓就坐落在大臺北首善的信義計劃區內，這是過去 20 年來我們憑藉信心和勇氣所締造的具體成果。摩登、堅實的全豐盛信義 105 大樓作為克緹的「硬體」幾乎已名滿業界，但或許你還沒有機會認識，我們這個事業經過 20 年耕耘所建立的產品研發「軟體」。相比創業時的一無所有，只能用那「僅剩一分貝，喊出沙啞的勝利聲」的豪情，未來的第二個 20 年，我們的事業在制定目標時所憑藉的信心和勇氣，是更具體、可行的。

再如人類登陸月球的大事記。陰柔而美麗的月亮一向是不同國度的人謳歌的題材，美國的科學家則相信月球有生物並且絕非遙不可及，也相信自己可以透過適當的工具登陸月球，一窺其中奧祕。正是這種信心的力量，使美國太空人阿姆斯壯終於乘著火箭的翅膀實現了科學家的夢想。

我曾長期觀察成功者與失敗者的區別。為什麼在同樣的環境裡，碰到類似的處境，有人勇敢面對挑戰，有人卻悲觀地自怨自艾呢？我發現，這是源自於不同成長背景下，耳濡目染、思想熏陶所養成的思考與認知的慣性。

社會上大多數人都缺乏自信心，當遇到困難時他們常常認為「命該如此」「我只是個平凡的人，不可能做成大事」，殊不知，這種慣性的思考一旦變成信念就會導致失敗的命運。

事實上，決定一生成敗的通常只有一個「能」字。「能」是人類語言中最有力量的一個字眼，也是所有積極思想與正面心念的根源。「能」代表了你對自己的善良本性與無限潛能的高度自信，並願意透過不斷的學習和實踐，把自己的愛心、信心、誠實、希望、樂觀、勇氣、進取、慷慨、包容、機智、誠懇等良好質量化為具體的行動，讓生命散發出奪目的光彩，讓別人因你的成功而得到人生的激勵。

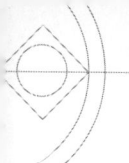

因此，不論你是擁有萬貫家財或是一文不名，不論你是一帆風順或是身處逆境，心中都應該擁有代表「能」的兩盞燈光以護佑自己。這兩盞燈光一盞是「信心」，另一盞是「勇氣」。有了它們，就足以克服人生旅途中的驚濤駭浪了。

「信心」的燈光在每一個人制定人生目標、實現理想和體現自我生命價值中具有關鍵性的照明作用。它讓你永遠不會向失敗和貧窮屈服，堅定地相信你擁有更美好的生活權利。你會昂起頭勇敢地面對世界，無論遇到任何困難都要堅持下去，因為你深信自己生來就是為了完成當下任務的。

事實上，凡生為人就會有軟弱的時候，差別只在於你是否能夠找到方法，讓自己平安度過某一段時期心緒上的低潮。假如你有力量、夠堅強，就會發現無論遇到任何困境都會等到峰迴路轉的那一天。

信心是人的一生中最為珍貴的財富。只有信得過自己的人才會遇到伯樂，而伯樂也才能放心地對其託付責任。其實，人來到世上本來就應該堂堂正正地挺立於天地之間，毫無畏懼地面對生活。

在我們的人生旅途中，「勇氣」是另一盞非常重要的燈。在德國詩人歌德留下的文稿中，就有不少歌詠勇氣的詩篇。他寫道：「你若失去了財產，你只失去了一點；你若失去了榮譽，你就丟掉了許多；你若失去了勇氣，你就把一切都丟掉了。」

天下無難事，只怕有心人。當你覺得自己在人生的道路上只是一片迷茫，分辨不出方向時，只要點亮「勇氣」這盞燈就能化解恐懼和疑惑的陰霾，一步步地繼續往前走。你會發現，每前進一步就能夠把下一步路看得更清楚。如果你猶豫不決、駐足觀望，你終究找不到自己的方向。你要發揮所有的才能、激勵所有的潛力去肯定自我，必能承擔重大的責任，並主宰屬於自己的人生目標，而絕不自暴自棄。只要信心在勇氣就在，努力在成功就在。

在四季更迭的氣候變化中，我們亦曾經歷過酷暑嚴冬，卻也因此深深體會到了：縱然身處困境也無須惴惴不安，企業就和個人一樣總是從晦暗未明

處湧出了最寶貴的生命之泉。請牢記,我們不能因為短暫的時運不濟就抑鬱寡歡,忍耐低潮雖然有些痛苦,但成熟的果實是最美好、最香甜的。

我們的事業已背著裝有信心和勇氣的行囊準備邁向第二個生命中的春天,如果你也是有志之士,請不要錯過這段生意盎然的旅程。

▍愛與分享創造人生奇蹟

牛澤毅一郎是《把 HONDA 汽車賣給 TOYOTA 社長的方法》一書中的主角。

牛澤毅一郎本是一位初入行時並不熟悉業務工作的門外漢,在東征西討開拓市場的過程中突然開竅。在他領悟到箇中要領後,經過不斷地自我實踐終於在日本的營銷業務領域大放異彩。牛澤毅一郎最大的成就在於,豪氣萬千地挑戰了一個一般人視之為天方夜譚的題目——把 HONDA 汽車賣給 TOYOTA 社長,並且他成功了。

從書裡認識的牛澤毅一郎,讓我有惺惺相惜的知交之感。儘管牛澤毅一郎在其 17 年的業務生涯中從未涉足汽車行業,讀完他的經驗分享之後,我相信只要掌握到牛澤毅一郎從事銷售的心態、技巧和方法,互為競爭對手的汽車老闆的確可能自掏腰包購買對方產品!

這樣的肯定不僅在於牛澤毅一郎曾創下日本第一、世界第三的保險業績排行,更源自我創辦克緹事業以來體驗到和這位業務高手不謀而合的成功之道。

牛澤毅一郎從外行變內行,由內行到頂尖,其中關鍵的心態轉折正在於「站在客戶的立場思考和行動」。他「一心一意只想獲得顧客的信賴,成為對顧客有幫助的人」,因而建立了良好的人際關係,甚至成為許多優質客戶的智囊,人脈日益拓廣。他對客戶的需求深具同情心和同理心,並力行「有施才有得」的亙古鐵律,不惜為顧客鞠躬盡瘁。他懂得善用心念的力量,所謂「心想事成」——只要相信就有奇蹟就有能力,他對此奉行不渝。他將所

第七章 善植無形，豐收有形

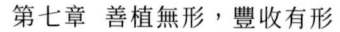

有和生活有關的經驗和學習最終都應用到了業務上，因此激發了成長的原動力，這種不斷向上看齊的心態和做法徹底轉變了他的人生！

「牛澤法則」所彰顯的態度和做法，究竟是他個人的獨門絕活還是放諸四海而皆準的通則呢？十分有趣的是，我在創辦事業時便以前半生經驗所參悟到為人處世的幸福之道，寫成了夥伴們從業所應遵奉的「六大信條」和「五大原則」，內容恰與「牛澤法則」多有不謀而合之處。

21世紀以來，國際經濟疲軟不振，天災人禍紛至頻傳。美伊戰爭爆發，法國、峇里島、菲律賓、德國……接二連三的恐怖爆炸事件突顯了人類的仇恨與鬥爭。這是一種怨憤沖天，非以「你死我活」終結不可的極端手段。而經濟的寒冬更是全世界共同的愁緒，結構性與經濟週期循環的雙重因素，使得失業率普遍地不斷攀升。有人甚至悲觀預測，1920年代經濟大蕭條的歷史即將重演。

不景氣伴隨的社會副產品，往往是一樁樁的自殺、搶劫、詐騙、脫逃……就像一齣無止境的連續劇般，社會上的氣氛已嗅出不平、不寧的躁動。有人在經濟的低谷中放棄了希望，因為四周的空氣冷冽，觸摸不到一絲溫暖；有人在激烈的適者生存競賽中敗下陣後失去了可貴的自信。要在這樣的艱難時機中談發展、求成長，似乎要有非同尋常的策略不可，逆勢成長就像在沙漠之中尋找綠洲一般。

在克緹的事業之中，前輩們始終用愛心、耐心與信心對待來自不同的環境、不同背景的每一位夥伴，這種真誠的愛護相當具有感染性，久而久之就形成了一種「愛與分享」的文化。「愛與分享」正是我們奉行不悖的思想守則，它會自然而然地凝聚夥伴，讓大家的方向一致、目標一致、理念一致，甚至於思考要一致、精神要一致、信心要一致，方向也要一致。

在克緹，「愛自己的親朋、事事講求分享」一直是大家行事做人的圭臬。我們相信，我們經營的是一個傳遞人間美與愛的事業，因此夥伴們不僅敬愛家人朋友，也熱愛自己的事業；我們不僅發揮有福同享的袍澤精神來回饋社會，也因不斷地分享，造就了自己日益完美的人格。

愛的力量一向是無遠弗屆甚至無所不能的。一個奉獻愛心不求回饋的人，心胸自然會愈來愈開闊。若是地球上的每一分子都能寬大為懷，天下自然太平又如何會有戰爭？

分享更能止干戈、創和諧。事實上，世界是否和睦、人與人之間是否和氣，關鍵都在於人們是否願意相互分享。也就是說，一個社會若沒有分享就沒有團結的一天。只不過，分享是一種雙贏的行為，唯有施者不求回饋、受者心存感激時雙贏才能永續。

眼見我們的社會面臨多方的挑戰，身為事業的夥伴，你是不是也有一分「捨我其誰」的使命感呢？我們有能力更有責任，為社會的和諧盡一分心。期許每一位夥伴都能把關愛散播給四周的親朋好友，並且永不吝惜分享自己的經驗與成果。

愛與分享是「六大信條」和「五大原則」的核心思想，也是克緹事業的本質。有成千上萬在臺灣、香港、馬來西亞、新加坡、印尼等國家和地區的人，因為奉此圭臬不僅提升了生命的境界，還創造了更多的財富。我也因此才有力量不斷地向不可能完成的任務挑戰。

和牛澤毅一郎一樣，我也是個喜歡不斷地向「不可能」挑戰的人。在這個過程中我們同時累積經驗、汲取智慧，秉承「愛與分享」的原則，因此愈戰愈勇、愈來愈有贏家的自信心。

1989 年，克緹處於事業草創期，人手、工廠規模都很有限，不得不在三重工業區的巷弄裡辦公。20 多年後，集團所屬的數十家公司已遷入臺北市信義計劃區內嶄新的辦公大樓。我們在最受矚目的新興商業區內擁有了自地、自建的事業地標——全豐盛信義 105 大樓。

除此之外，我們這個事業的足跡亦從臺灣延伸到海峽對岸。自 10 年前，我們在上海設立總部以來，已經發展出遍及全中國的 3000 多家加盟店，更在上海松江開辦設備先進的工廠。正當萬事俱備之際，又在臺灣業界中率先拿到了大陸核發的經營牌照，使得我們的事業發展如虎添翼。

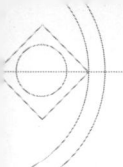

第七章 善植無形，豐收有形

　　事實上，我們一直以營銷業的「深耕者」自居，為了保證產品的質量而選擇了一條產銷合一的艱辛道路，不但建立了自己的品牌通路，還更進一步地向研究發展耕耘。這樣的建構無異是虎虎生風的一條龍，卻也正是旁人眼中不可能完成的任務。多年來，克緹事業的夥伴們一再成功地挑戰了「不可能」，引得許多學者興味盎然地研究我們所創造的奇蹟。

　　回顧我主持克緹事業的初衷，就是要把改變人生命運的方法與普羅大眾分享。當此金融風暴餘威猶存的逆境中，希望《把 HONDA 汽車賣給 TOYOTA 社長的方法》一書的讀者們，在吸收了「牛澤法則」的精華之後不妨以克緹事業的舞臺做試煉場，相信你一定也可以挑戰不可能完成的任務創造屬於自己的人生奇蹟。

▌居安思危的企業「健康長壽」

　　美國的 eBay，因為徹底改變了世界各地人們買賣東西的方式，使得公司完全跳過青春期直接迎來獲利階段。瑞士的 Logitech（羅技）公司原來像是在低空飛行的飛機，隨時可能會因撞上小山而一命嗚呼，而在領導者團隊的主持下，聰明地將產品多角化，跨入數位相機、遊戲控制器以及無線設備等領域後，品牌順利提升了飛行高度，不必再擔心林立在市場上的小小山頭。中國的搜狐公司，其創辦人張朝陽曾經歷經最讓人難以承受的心靈折磨，不過因為適時提供了簡訊服務而幫助公司度過難關，使得搜狐的股價調升至網路泡沫化黑暗時期的上百倍。全球最具影響力的新聞以及政商雜誌——美國的《時代》雜誌，曾經刊載了一篇名為《我如何安然度過致命的科技崩盤》的文章。《時代》雜誌的記者分頭訪問了遍布於美洲、歐洲、亞洲的 15 位科技領袖，深入分析他們如何能從科技崩盤的災難中倖存下來。這些成功度過重重考驗的企業主，不只是使公司毫髮無傷，甚至還能使業務蒸蒸日上。他們的求生故事或許各有不同，但共同點是他們全都引領時代風潮，創造了市場新的需求或流行商品。

　　企業和人一樣都是一個有機體，因有生必有死；因有病必會由盛至衰……不但生老病死的歷程會重複輪轉，預防、治療可防止衰老的事實也一無二致。

居安思危的企業「健康長壽」

凡是重視身體健康的人都知道預防勝於治療，為了防微杜漸，身體檢查不可或缺。所謂不可或缺，不僅是要檢查，而且還要定期做、持之以恆地做。

經營企業最困難的就是襁褓時期——前五年。這期間，一個從無到有的企業一定會因初成型而架構不周、發育不全。經營者如果一味抱殘守缺、故步自封，這個有機體便可能難有機會茁壯成長，終而萎縮不振、百病叢生。因此，那些懂得適時透過體檢調適組織機能的企業，必然比居安不思危的企業發展得健康而長壽。

自創辦克緹以來，身為經營者的我無時不以醫生的心態，不斷地自我檢視、深層反省，期許每一個前進的步伐能都走得穩健、妥當。換句話說，每一年、每一月，我們都在做自我的健康檢查。透過不斷的檢視，我非常誠懇地去發掘問題，也以積極的態度去面對、解決問題。事實上，每當我們正視問題的時候，問題往往已減輕了一半。

為企業做體檢應先從基本面來談。如果經營者具有遠見，從創辦之初便須為企業文化扎下根基，進而不斷檢視它是否健康。唯有深耕企業文化，定期灌溉與施肥，才能期待它開花結果。

經營一個新興的企業又如同照顧一株品種珍奇的蘋果樹一樣，必須經歷五六年的歷程方能結出美果。果農花了5年的時間全身心投入，果樹一旦發育完成開始結果後，他便可享受數十年的收成期。其中的關鍵在於，果農必須先付出才行，如果短視求速效則只會「欲速則不達」。

大多數的經營事業的人，就像是一個西裝革履的體面果農。當你準備經營一株果樹，並期待它發展成一個果園時，便需要先行檢視基本面的培養，認定自己人生的價值觀——種樹需要每天都呵護。在此期間，果農必須以無比的愛心與毅力，無微不至地呵護果樹，並因滿懷期望而殷切付出。其中包括日復一日地鋤草、抓蟲、施肥，並經常為果樹體檢，謹慎地防範天災、病蟲害。

一個勤奮的果農必然全神貫注地照顧果樹，甚至會把果樹的生命當作自己生命的一部分。因此，服務與耕耘的精神應是你忠貞不二的生活圭臬。克

第七章 善植無形，豐收有形

緹的夥伴們只要謹記果農體檢果樹的精神，一步一個腳印、腳踏實地地耕耘，發現問題、解決問題，前方滿園的果實就指日可待。

為企業體檢的另一層含義就是經營者要具備風險意識。新光集團創辦人吳火獅先生說過：「維持現狀，就是落伍。」對絕大多數的企業而言，21世紀的前三個年頭的日子實在不好過。世界變化的速度遠遠超過以往，簡直令人目不暇接。凡是計劃趕不上變化的企業都被時代的浪潮衝擊得遍體鱗傷，有的甚至慘遭滅頂之災。

面對嚴峻的考驗，企業必須學會居安思危。21世紀企業的新精神，應該是靜心傾聽市場的需要，創新再創新、突破再突破、進步再進步……企業內的每一位成員，都要拿出戰鬥的勇氣不斷淘汰昨天的自己，其中包括過時的思想、因襲的慣性，以及得過且過的心態等。

居高必須思危，古人早有明訓：「無敵國外患者，國恆亡。」或許夥伴會問，對於所向披靡的第一名來說，如何定位敵國外患呢？事實上，真正的敵人正是自己，對第一名而言尤其如此。

在我看來，我們的事業如果有危機，必然出自夥伴滿足自我現狀的心態。經營事業正如逆水行舟不進則退。尤其是當我們站上了同業中的高峰之巔，眼見四下無人時很容易產生自滿與鬆懈的輕敵感。那麼，我們如何才能不驕縱自己的弱點呢？

首先，我們要勇於發現自己的盲點，進而與夥伴一起提升自己；其次，夥伴之間始終保持良性競爭，見賢思齊，見不賢則內自省；等等。這種種進德修業的功夫若從不間斷，相信我們這個事業必能長保競爭優勢，再多的挫折也將不過是強化體質的補藥罷了。

▍善植無形，豐收有形

東漢時，羊續清廉自守，他雖然歷任廬江、南陽兩郡太守多年，但他十分注重自己的聲譽，從不接受任何人贈送的禮品。

他到南陽郡上任不久，他的一位下屬為謀私利，給羊續送來一條當地有名的特產白河鯉魚，還向羊續誇耀魚味鮮美，再三申明是自己打撈的，未花一分錢。魚是極其珍貴的禮物，羊續拒收，推讓再三，下屬執意要太守收下。羊續十分為難，他想，如果不收，有可能掃了下屬的面子，況且人家也是一片好意；如果收下呢，又怕別人知道後也來效仿。羊續就只好先把魚留下，但他並沒有把魚送進廚房，等這位下屬走後，羊續將這條大鯉魚掛在屋外的柱子上，風吹日曬，成為魚干。

後來，這位下屬又送來一條更大的白河鯉魚，想討好羊太守。羊續把他帶到房檐下，讓他看上次送的那條魚還掛在那裡，已經僵硬發臭了。他對這位下屬說：「你上次送的魚還掛著，已成了魚干。請你把這兩條魚都拿回去吧。」這位下屬覺得不好意思，悄悄地把魚取走了。

此事傳開後，南陽郡的人們無不稱讚，再也無人敢給羊太守送禮了，「懸魚太守」的美名從此流傳下來。

古今中外的名人志士無不注重自己的聲譽和美德，美國著名的鋼鐵大王卡內基也曾經說過：「你可以把我的生財器具（指有形資產）全都拿走，只要給我留下人（具有經驗、智慧和團隊力量）來，三年之後我仍然是鋼鐵大王。」

卡內基的這番話發人深省，他要告訴世人的是：無形資產會轉換成有形資產。他如果能表達得更完整些，或許下一句話會是，重視無形資產將使企業勃興，重視有形資產卻會導致衰敗。

你是如何計算自己擁有的資產的呢？或許你擁有一棟住宅、兩間店面、一輛豪華轎車和許多費心珍藏的珠寶、古董……你把它們一一登錄下來，然後足堪告慰地以為自己必然已躋身於富者之林。其實，這樣的認知相當普遍，只不過它涵蓋的範圍並不周全，以至於你很可能錯估了自己的實力，或者說你錯估了未來的投資方向。

資產未必都有形貌。大多數時候，無形的要比有形的來得更有價值，卻也更容易被人忽略，因為它並非一般人的視力所能及。

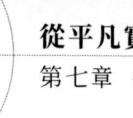

第七章 善植無形，豐收有形

　　無形的資產有哪些呢？就個人而言，名譽、美德、操守、品行、信用、資歷、經驗、智慧……舉凡能夠因此而讓你的價值感倍增的都在無形資產之列。古人有言道，「名譽是人的第二生命」，卻從未聽人說鑽石或是不動產就像生命一樣的可貴。簡言之，無形資產有若人類賴以生存的空氣，它看不見、摸不著、嗅不到，而我們就是沒有辦法離開它而生存。

　　個人如此，企業、國家也不例外。對企業或任何一個組織、機構甚至國家而言，無形資產也要比有形資產更為重要。就像外商看臺灣的投資環境，重視的不外乎是政治的穩定性、治安的良好與否、人民的勤奮程度……一個企業的實質價值往往也是透過商譽、口碑、企業文化、團隊精神，以及員工的士氣等看不見的因素日漸積聚而成。簡單地說，社會對企業的認知有如一個人頭頂上的光環，它有大有小、有強有弱，代表的正是這個企業的無形力量。

　　當結構性的失業狂潮波及全球時，許多企管顧問開始對白領階層的生涯規劃提出如下建議：選一家信譽卓著的好公司，用全力以赴的態度忠誠地待下去，並且不斷地學習，和公司一起成長。這個建議的著眼點就在於，好公司的無形資產能幫助人不被不景氣的失業狂潮淹沒，而歷經這樣的考驗之後你個人的無形資產也會等比地增加。那麼，到底有沒有這樣的一個行業、一家企業可以讓你擁有這彌足珍貴的無形資產呢？

　　有這樣一個行業，就從業屬性而言，它可以和律師、會計師、醫師等自由業者相提並論，從業者不定時地以專業服務客戶，不太受朝九晚五辦公室文化的束縛。

　　同時，這個行業具有零售性特點，人與人之間因貨品的口碑而結緣。從業者進行銷售行為的時間和空間具有高度彈性，只要雙方約定，辦公的時間、地點可以隨時流動。這種變通性使此行業的從業者可專職，亦可兼差做副業獲取第二份收入。

　　最為重要的是，這個行業具有高度的靈活性。許多從業者是從兼職開始入行的。從業者甚至不必出門，在家裡拿起電話就可開始工作，自由度極高！

而這通電話隨時都可以打，不受上下班時間的限制。直到你確定自己的個性、意願和認知，打算全力投入時，再規劃完整的從業生涯也不遲。

這個行業有其獨特的企業文化。從業者大多深以「寓教育於工作，寓工作於旅遊」的生活方式為樂，其樂之大在於他們可以完全掌握自己工作的質量。這與傳統的上班族的付出與回收不成正比，有著天壤之別。只要從業者積極地和親朋好友分享工作的樂趣，傳統上班族的種種遺憾就不會在你的身上發生。

很幸運的是，我們克緹進入了這個享有高度自由的行業。自從創業營銷以來，我最能夠感受自己做頭家的喜悅。因為克緹身處的行業，營銷正是一個享有高度自由、自己掌握命運、可以做自己主人的行業。

凡是健康的自由一定伴隨著責任與義務，我們行業的自由也不例外。但是，在這個享有高度自由的行業裡卻也出現了許多不負責任的行為：有人為謀求暴利刊登不實廣告；有人以虛妄的標誌內容販售貨品；有人以打帶跑的心態經營事業，撈到一票就走人……當然，若以這種非永續經營的手法來領導的企業，不太可能花心血去培養人才或重視夥伴的教育訓練。

在臺灣，直至近些年營銷業的整體形象才稍有轉圜。我們被納入公平交易委員會的管轄範圍，從業的規範變得有法可據，社會上也不再用異樣眼光來質疑營銷行為。為什麼需要改變形象呢？正因為有太多業者只享受自由而不肯擔負責任。

讓我們思考一下，在行業人自給自足的同時，他所應該擔負的責任又是什麼呢？我想，當銷售的服務開始時，也正是我們的責任開始之時。換句話說，每個行業的責任首先應由擔負經營管理重任的領導階層擔當。所謂上行下效、上梁不正下梁歪，唯有業者自尊自重，以行動力執行永續經營的策略，我們行業才可能和其他行業一樣出現令人尊敬的「經營之神」。

事實上，行業的責任同時也代表一種從業者的榮譽，也是其無形資產形成的途徑。我花很多時間在研討永續經營的典章制度上，希望凡是投入這個事業的人都擁有工作的保障及終生學習的機會。此外，我非常鼓勵資深幹部

朝經營管理的方向發展，真正體驗獨當一面的樂趣。當我看到昔日的小樹苗一天天地長成大樹，那份浸潤在責任中的喜悅真是巴不得能和更多的人一起分享。

總而言之，我們身處的行業的自由度在21世紀日益個人化的資訊時代裡是令人倍加嚮往的。但是有自由必有責任，唯有把自由與責任同時放在肩膀上，行業才能走長路也才更能受到社會的肯定。而在行業中，只有這樣的企業才能讓我們自身的無形資產增值。

在業界，我們的克緹事業始終將對社會、對夥伴的責任放在首位，在克緹，你會充分體會到無形資產增值的快樂。因為，我們積累了20多年的實務經驗，匯聚成功的智慧，有歷久彌新的優良產品，有士氣高昂的從業夥伴，更有遍布南北的營銷通路……這樣的條件，讓我們具備了踐行責任的資本，也足以把我們的雄心壯志與目標遠景，具體地化為成功的力量。只要我們願意一步一腳印地踏實耕耘，有朝一日，無形的資產終會轉化為有形的實績。

我們克緹事業的責任還體現在「視他人需求為責任」的企業文化之中。沐浴在「六大信條」所培育出來的文化裡，第一條所言，「扶助值得幫助的親朋，您就會有福氣」，應該是每一位夥伴最能產生共鳴的經驗！

作為克緹人，當貧窮成為我們的過去，我們繼續奮鬥的內在動機應該逐漸提升為滿足人類心理需求的成就感、使命感與贏得社會尊敬的最高人格境界。而凡能贏得尊敬的個人，無論在哪一個行業大都具備了「在別人的需要上，總是看得到自己的責任」的人格特質。

在全球化和知識經濟的浪潮下，一種不同於傳統「老、殘、病、童」的新貧階級已隱然成形。這些「新窮人」或許是有工作能力卻失去工作機會的白領族群，也可能是因社會結構轉變而被提前解僱的藍領勞工……我相信，像這樣有工作能力，卻沒有工作機會的新貧族，「心貧」的困境往往更甚於物質的匱乏。

因此，如果我們能把做自己的主人的事業介紹給他們，能夠把這些失意的人吸納到這個事業裡來，讓大家共同學習、一起成長。同時，心手相連地

收割果實，不僅夥伴本身會因分享而茁壯，社會也會因為彼此的照顧與扶持而更加祥瑞。

事實上，任何一個社會都難以避免有輸家，不過唯有能提供雙贏機會的事業，才能在救窮的同時更進一步地濟貧。這就是克緹事業最大的責任和對社會的回饋。

我相信同時兼備無形與有形資產的人才是這個世界上真正的富足者。因為透過兩者之間的交互作用，不但能提升無形資產的層次而且能豐富有形資產的具體內容。期許每一位夥伴都能在事業裡善植無形、豐收有形。

國家圖書館出版品預行編目（CIP）資料

從平凡實現卓越——克緹國際集團創辦人陳武剛的營銷心法 / 陳武剛 著 . -- 第一版 . -- 臺北市：崧燁文化，2019.04

　面；　公分

ISBN 978-957-681-737-3(平裝)

1. 成功法 2. 生活指導

177.2　　　　　　　　　　　　　　　　　　107023051

書　　名：從平凡實現卓越——克緹國際集團創辦人陳武剛的營銷心法
作　　者：陳武剛 著
發 行 人：黃振庭
出 版 者：崧博出版事業有限公司
發 行 者：崧燁文化事業有限公司
E - m a i l：sonbookservice@gmail.com
粉絲頁：　　　　　網址：
地　　址：台北市中正區重慶南路一段六十一號八樓 815 室
8F.-815, No.61, Sec. 1, Chongqing S. Rd., Zhongzheng Dist., Taipei City 100, Taiwan (R.O.C.)
電　　話：(02)2370-3310　傳　真：(02) 2370-3210
總 經 銷：紅螞蟻圖書有限公司
地　　址：台北市內湖區舊宗路二段 121 巷 19 號
電　　話：02-2795-3656 傳真：02-2795-4100　　網址：
印　　刷：京峯彩色印刷有限公司（京峰數位）

　本書版權為西南財經大學出版社所有授權崧博出版事業股份有限公司獨家發行電子書及繁體書繁體字版。若有其他相關權利及授權需求請與本公司聯繫。

定　　價：300 元
發行日期：2019 年 04 月第一版
◎ 本書以 POD 印製發行